中华人民共和国行业标准

公路交通安全设施施工技术规范

Technical Specification for Construction of Highway Safety Facilities

JTG F71—2006

主编单位:交通部公路科学研究院
批准部门:中华人民共和国交通部
实施日期: 2006 年 09 月 01 日

人民交通出版社股份有限公司

图书在版编目(CIP)数据

公路交通安全设施施工技术规范 : JTG F71—2006 / 交通部公路科学研究院主编. — 北京 : 人民交通出版社股份有限公司, 2017.5

ISBN 978-7-114-13397-8

Ⅰ. ①公… Ⅱ. ①交… Ⅲ. ①公路运输—交通运输安全—安全设备—技术规范—中国 Ⅳ. ①U491.5-65

中国版本图书馆 CIP 数据核字(2016)第 247918 号

标准类型: 中华人民共和国行业标准
标准名称: 公路交通安全设施施工技术规范
标准编号: JTG F71—2006
主编单位: 交通部公路科学研究院
责任编辑: 李 农
出版发行: 人民交通出版社股份有限公司
地　　址: (100011) 北京市朝阳区安定门外外馆斜街 3 号
网　　址: http://www.ccpress.com.cn
销售电话: (010) 59757973
总 经 销: 人民交通出版社股份有限公司发行部
经　　销: 各地新华书店
印　　刷: 北京市密东印刷有限公司
开　　本: 880×1230 1/16
印　　张: 4.5
字　　数: 88 千
版　　次: 2017 年 5 月 第 1 版
印　　次: 2020 年 4 月 第 6 次印刷
书　　号: ISBN 978-7-114-13397-8
定　　价: 30.00 元
(有印刷、装订质量问题的图书, 由本公司负责调换)

中华人民共和国交通部

公　　告

2006 年第 16 号

关于发布《公路交通安全设施设计规范》(JTG D81—2006) 和《公路交通安全设施施工技术规范》(JTG F71—2006) 的公告

现发布《公路交通安全设施设计规范》(JTG D81—2006) 和《公路交通安全设施施工技术规范》(JTG F71—2006), 自 2006 年 9 月 1 日起施行, 原《高速公路交通安全设施设计及施工技术规范》(JTJ 074—94) 同时废止。

《公路交通安全设施设计规范》(JTG D81—2006) 中第 4.2.1 条第 (1)、(2) 款; 第 4.2.2 条第 (1) 款; 第 5.2.1 条; 第 5.2.2 条; 第 8.2.1 条第 (1) 款为强制性条文, 必须严格执行。《工程建设标准强制性条文》(公路工程部分) 2002 版中关于《高速公路交通安全设施设计及施工技术规范》(JTJ 074—94) 的强制性条文同时废止。

该两本规范的管理权和解释权归交通部, 日常解释及管理工作由编制单位交通部公路科学研究院负责。请各有关单位在实践中注意总结经验, 若有修改意见请函告交通部公路科学研究院, 以便修订时研用。

特此公告。

中华人民共和国交通部

二〇〇六年七月七日

主题词: 发布　公路　规范　公告

交通部办公厅　　2006 年 7 月 10 日印发

前 言

为更好地适应公路建设的需要，交通部交公路发〔1999〕739 号文决定对 1994 年 6 月 1 日实施的《高速公路交通安全设施设计及施工技术规范》（JTJ 074—94）进行修订，并委托交通部公路科学研究院负责。

修订工作坚持“安全、环保、舒适、和谐”的公路建设理念；在全面总结 1994 年以来我国公路交通安全设施的使用经验，借鉴和吸收国外的相关标准和先进技术的基础上进行；充分体现了“以人为本、安全至上”的指导思想。修订后的规范分为《公路交通安全设施设计规范》、《公路交通安全设施施工技术规范》和《公路交通安全设施设计细则》三册。

本《公路交通安全设施施工技术规范》修订后分为十章，分别是：1 总则、2 施工准备、3 路基护栏、4 桥梁护栏、5 交通标志、6 交通标线、7 隔离栅和桥梁护网、8 防眩设施、9 轮廓标、10 活动护栏。与原规范相比，《公路交通安全设施施工技术规范》扩大了适用范围，由高速公路、一级公路扩大到新建和改建的各等级公路；对《公路交通安全设施设计规范》中各防撞等级护栏的施工方法进行了规定；新增加了交通标志、交通标线和活动护栏的内容；吸收、借鉴了近年来交通标志、交通标线、隔离栅、防眩设施、轮廓标、活动护栏等领域涌现出来的成熟的新材料、新工艺，并在许多规定上与国家及行业现行的最新标准相衔接，使本规范具有一定的先进性；新增加了验收规定。

各有关单位在使用过程中，若有意见和建议，请函告交通部公路科学研究院北京交科公路勘察设计研究院（地址：北京市海淀区西土城路 8 号，邮政编码：100088，电话：010-62062052，E-mail：hx. liu@ rioh. cn），以便下次修订时研用。

主 编 单 位： 交通部公路科学研究院

参 编 单 位： 北京交科公路勘察设计研究院
广东省交通集团有限公司
北京中路安交通科技有限公司

主要起草人： 刘会学 李爱民 杨久龄 唐琤琤 黄 晨 贾日学
钟纪楷 汤文杰 程 宁 徐学敏 葛书芳 杨 峰
张 治 张巍汉 吴京梅

目　次

1　总则

1.0.1　为提高公路交通安全设施的使用效果,确保公路交通安全设施的施工质量,制定本规范。

1.0.2　本规范适用于新建和改建公路。

1.0.3　新建公路交通安全设施的施工应与公路主体工程的施工相协调。

1.0.4　施工单位的工程质量负责人对工程应进行自检,在工程完工后应配合监理工程师检查验收。

1.0.5　公路交通安全设施的施工必须做好施工前的准备工作和施工中的技术交底、施工组织、施工管理工作,并应符合本规范及有关技术操作规程的规定。

1.0.6　公路交通安全设施的施工应积极推广使用成熟的并经主管部门批准的新技术、新工艺、新材料、新设备。

1.0.7　公路交通安全设施的施工应采取措施降低或减少环境污染,保护环境。

1.0.8　公路交通安全设施必须文明施工,安全生产,严格遵守安全操作规程,加强安全生产教育,建立和健全安全生产管理制度。

1.0.9　公路交通安全设施的施工除应符合本规范外,尚应符合国家现行的有关标准、规范的规定。

2 施工准备

2.0.1 应根据招、投标文件和施工合同、设计文件及有关规范编报施工组织设计。

2.0.2 应做好施工现场准备,安装调试施工机具及标定试验机具,进行现场踏勘、施工测量。

2.0.3 所有进场材料应具有产品合格证书,并应进行抽样检查。

2.0.4 所有材料应妥善储存和堆放。

2.0.5 施工组织设计宜包括以下内容:编制说明、施工组织机构、施工平面布置图、施工方法、资源计划、总进度计划和进度图、质量管理、安全生产、环境保护。

2.0.6 施工单位必须建立健全质量保证体系。

3 路基护栏

3.1 一般规定

3.1.1 缆索护栏、波形梁护栏的路基土压实度和混凝土护栏的地基承载力应符合设计文件的规定。

3.1.2 所有钢构件均应进行防腐处理。除本规范和设计文件另行规定外,防腐处理均应满足现行《高速公路交通工程钢构件防腐技术条件》(GB/T 18226)的规定。螺栓、螺母等紧固件和连接件在防腐处理后,必须清理螺纹或进行离心分离处理。

3.2 缆索护栏

3.2.1 材料

(1)除设计文件另行规定外,路侧用缆索护栏的各种材料应符合以下规定:

①缆索用钢丝绳应符合现行《镀锌钢绞线》(YB/T 5004)的要求,其性能和构造应符合表 3.2.1 的规定。

表 3.2.1 缆索的性能和构造

钢丝绳直径 (mm)	单丝直径 (mm)	构 造	钢丝绳公称抗拉强度 (MPa)	断面积 (mm^2)	捻制方法	单位重量 (kg/m)
18	3.86	φ18 3 股 7 芯	≥1 270	134	右同向捻	1.09

②端部立柱、中间端部立柱、中间立柱、间隔保持件、螺栓、螺母、垫圈等构件应符合现行《碳素结构钢》(GB/T 700)中 Q235 钢的要求。

③托架所用钢板应符合现行《碳素结构钢和低合金结构钢热轧薄钢板及钢带》(GB/T 912)的规定。

④索端锚具的拉杆螺栓和锚具以及固定缆索用别针应符合现行《优质碳素结构钢》(GB/T 699)中 45 号优质碳素结构钢的规定。

(2)缆索用钢丝绳采用热浸镀锌防腐处理时,应采用单丝进行热浸镀锌的办法,并应符合现行《镀锌钢绞线》(YB/T 5004)中有关镀锌层质量为 $250g/m^2$ 的规定。用于镀层的锌应满足现行《锌锭》(GB/T 470)中特一号或一号锌的规定。

3.2.2 施工

(1)放样

①应根据现场桥梁、涵洞、通道、路线交叉、隧道等的分布确定控制立柱的位置,并测定控制立柱之间的间距,据此调整端部立柱、中间端部立柱、中间立柱的设置位置。

②应调查立柱下是否存在地下管线、构造物等设施,并进行适当处理。

(2) 端部立柱和中间端部立柱的设置

①应根据设计文件的要求,将立柱、斜撑及底板焊接成牢固的三角形支架。

②应根据最终确定的立柱位置开挖基坑、浇筑混凝土基础,到达规定标高时,应对三角形支架进行准确定位。基坑开挖、地基检验、地基处理及混凝土的浇筑应符合现行《公路桥涵施工技术规范》(JTJ 041)的规定。

③位于桥梁、涵洞、通道、挡土墙等构造物处的端部立柱和中间端部立柱,应根据设计文件的要求进行基础预埋。

(3)中间立柱的设置

①中间立柱应定位准确,纵向和横向位置与公路线形一致。

②位于土基中的中间立柱,可采用挖埋法、钻孔法或打入法施工。立柱标高应符合设计要求,并不得损坏立柱端部。

③位于混凝土基础中的中间立柱,可设置在预埋的套筒内,通过灌注砂浆或混凝土固定,或通过地脚螺栓与桥梁护轮带基础相连。

(4)托架安装

中间立柱或中间端部立柱上的托架,应按设计文件规定的托架编号和组合正确安装。

(5)架设缆索

①缆索应在端部立柱和中间端部立柱的混凝土基础达到设计强度的80%以上时架设。

②缆索应支放在立柱的内侧,通过中间支架向另一端滚放。严禁在路面上长距离拖拽缆索。

③可用楔子固定或注入合金的方法将一端的缆索锚固在索端锚具上,如图3.2.2-1。

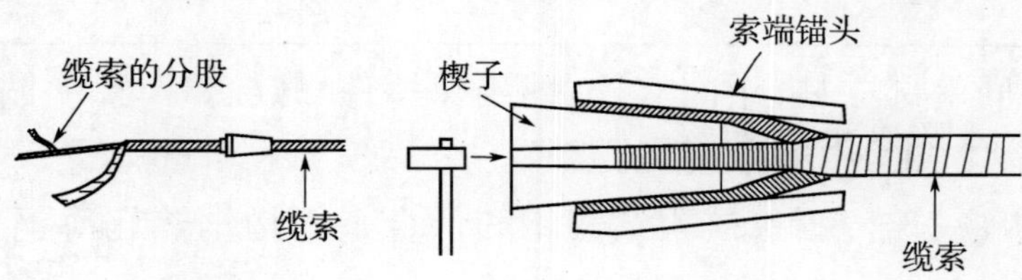

图3.2.2-1 缆索的分股和楔子锚固

④应在另一端部立柱或中间端部立柱上设置倒链滑车或杠杆式倒链张紧器将缆索临时拉紧,如图3.2.2-2。B级和A级缆索护栏的初拉力应为20kN,其他等级的缆索护栏初拉力应符合设计文件的规定。

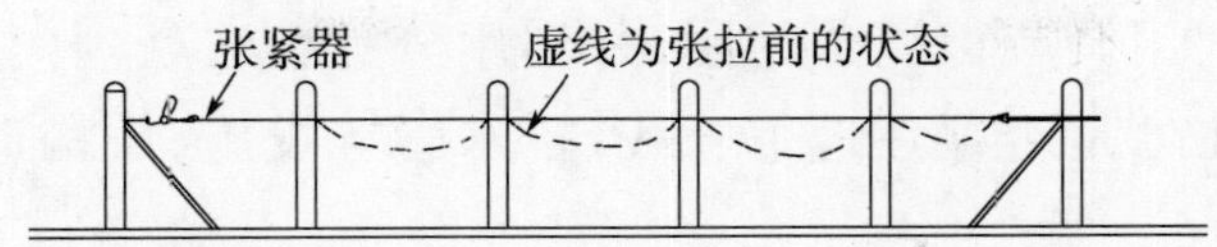

图 3.2.2-2　临时张拉缆索

⑤应根据索端锚具的规格，切断多余的缆索，如图 3.2.2-3。缆索切断面应垂直整齐，不得松散，可按本款第③项规定的方法锚固在索端锚头上。

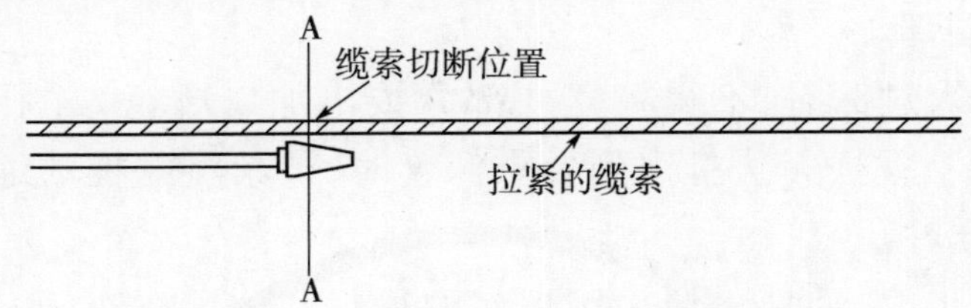

图 3.2.2-3　缆索切断的位置

⑥索端锚具安装到端部立柱或中间端部立柱后，可卸除临时张拉力。

⑦缆索应按从上向下的顺序架设。

⑧缆索调整完毕后，应拧紧各中间立柱、中间端部立柱托架上的索夹螺栓。

3.2.3　验收

(1)立柱埋深不得小于设计值。采用挖埋法施工时，回填土应分层夯实，并达到规定的压实度。立柱埋入混凝土基础中时，基础的几何尺寸、强度等级应符合设计要求。

(2)立柱顶部不应出现明显的变形、倾斜、扭曲或卷边等现象。

(3)索端锚具、托架、索夹螺栓应安装到位、固定牢固。托架组合应与缆索护栏的类别相适应。

(4)钢构件表面不得有气泡、剥落、漏镀及划痕等表面缺陷。

(5)直线段护栏应线形平顺，曲线段护栏应线形圆滑顺畅。

(6)立柱中距、立柱垂直度、缆索的高度应满足设计要求。

3.3　波形梁护栏

3.3.1　材料

除设计文件另行规定外，路侧及中央分隔带波形梁护栏所用的各种材料的规格、材质均应符合现行《高速公路波形梁钢护栏》(JT/T 281)、《公路三波形梁钢护栏》(JT/T 457)及《结构用冷弯空心型钢尺寸、外形、重量及允许偏差》(GB/T 6728)等标准、规范的要求。

3.3.2　施工

(1)立柱放样

①应根据设计文件进行立柱放样，并以桥梁、通道、涵洞、隧道、中央分隔带开口、紧急电话开口、路线交叉等控制立柱的位置，进行测距定位。

②立柱放样时可利用调节板调节间距,并利用分配方法处理间距零头数。

③应调查立柱所在处是否存在地下管线、排水管等设施,或构造物顶部埋土深度不足的情况。

(2)立柱安装

①立柱安装应与设计文件相符,并与公路线形相协调。

②位于土基中的立柱,可采用打入法、挖埋法或钻孔法施工。立柱标高应符合设计要求,并不得损坏立柱端部。

a.采用打入法打入过深时,不得将立柱部分拔出加以矫正,必须将其全部拔出,将基础压实后再重新打入。立柱无法打入到要求深度时,严禁将立柱的地面以上部分焊割、钻孔,不得使用锯短的立柱。

b.采用挖埋法施工时,回填土应采用良好的材料并分层夯实,回填土的压实度不应小于设计规定值。填石路基中的柱坑,应用粒料回填并夯实。

c.采用钻孔法施工时,立柱定位后应用与路基相同的材料回填,并分层夯填密实。

③在铺有路面的路段设置立柱时,柱坑从路基至面层以下 5cm 处应采用与路基相同的材料回填并分层夯实,余下部分应采用与路面相同的材料回填并压实。

④位于石方区的立柱,应根据设计文件的要求设置混凝土基础。

⑤位于小桥、通道、明涵等混凝土基础中的立柱,可设置在预埋的套筒内,通过灌注砂浆或混凝土固定,或通过地脚螺栓与桥梁护轮带基础相连。

⑥立柱安装就位后,其水平方向和竖直方向应形成平顺的线形。

⑦护栏渐变段及端部的立柱,应按设计规定的坐标进行安装。

(3)防阻块、托架、横隔梁安装

①防阻块、托架应通过连接螺栓固定于护栏板和立柱之间,在拧紧连接螺栓前应调整防阻块、托架使其准确就位。防撞等级为 SA、SAm 和 SS 的波形梁护栏在安装防阻块时,应同时安装上层立柱,线形应与下层立柱相同。

②设有横隔梁的中央分隔带护栏,应在立柱准确定位后安装横隔梁。在护栏板安装前,横隔梁与立柱间的连接螺栓不应过早拧紧。

(4)横梁安装

①护栏板应通过拼接螺栓相互连接成纵向横梁,并由连接螺栓固定于防阻块、托架或横隔梁上。护栏板拼接方向应与行车方向一致,如图 3.3.2。拼接螺栓必须采用高强螺栓。

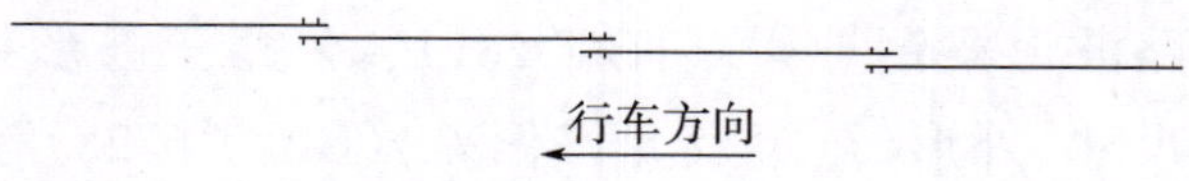

行车方向

图 3.3.2 护栏板拼接方向示意图

②防撞等级为 SA、SAm 和 SS 的波形梁护栏通过螺栓将上层横梁与上层立柱加以连接。

③立柱间距不规则时,可利用调节板、梁进行调节,不得采用现场切割护栏板的方法。

④所有的连接螺栓及拼接螺栓应在护栏的线形达到规定要求时才能拧紧。终拧扭矩

应符合表 3.3.2 的规定。

表 3.3.2 波形梁护栏板连接螺栓及拼接螺栓的终拧扭矩规定值

螺栓类型	螺栓直径(mm)	扭矩值(N·m)
普通螺栓	M16	60 ~ 68
	M20	95 ~ 102
	M22	163 ~ 170
高强螺栓		315 ~ 430

(5)端头安装

各类护栏端头应通过拼接螺栓与护栏板牢固连接,拼接螺栓必须采用高强螺栓。防撞等级为 SA、SAm 和 SS 的波形梁护栏上横梁必须按设计文件的规定进行端部处理。

3.3.3 验收

(1)护栏立柱的埋深、基础规格、土基压实度、端部和过渡段处理应符合设计规范和设计文件的规定。

(2)立柱位置、立柱中距、垂直度、横梁中心高度应符合设计要求。

(3)所有构件不应因运输、施工造成防腐层的损伤。

(4)直线段护栏不得有明显的凹凸、起伏现象;曲线段护栏应圆滑顺畅,与线形协调一致;中央分隔带开口端头护栏的线形应与设计文件相符。

(5)波形梁板搭接方向应正确,搭接平顺,垫圈齐备,螺栓紧固。

(6)防阻块、托架、横隔梁、端头的安装应与设计文件相符,安装到位,不得有明显变形、扭转、倾斜。

(7)波形梁板和立柱不得现场焊割和钻孔。

(8)立柱及柱帽安装牢固,其顶部应无明显塌边、变形、开裂等缺陷。

3.4 混凝土护栏

3.4.1 材料

(1)配制混凝土所用的水泥、细集料、粗集料、拌和用水、外加剂以及钢筋等材料,应符合现行《公路桥涵施工技术规范》(JTJ 041)的规定。

(2)除设计文件另行规定外,钢管桩应符合现行《碳素结构钢》(GB/T 700)标准中 Q235 钢的性能要求。

3.4.2 施工

混凝土护栏的施工除应符合现行《公路桥涵施工技术规范》(JTJ 041)的规定外,还应满足下列要求:

(1)应根据现场条件确定并核对混凝土护栏的设置位置,确定控制点,检测基础承载力是否达到设计规范或设计文件的要求。

(2)现场浇筑混凝土护栏

①采用固定模板法施工时,模板宜采用钢模板,钢模板的厚度不应小于4mm。

②浇筑混凝土前,应按设计文件的要求绑扎钢筋及预埋件。钢模板涂脱模剂后,可浇筑混凝土。

③混凝土浇筑前的温度应维持在10℃~32℃之间。

④采用滑动模板法施工时,滑模机的施工速度应根据旋转搅拌车、混凝土卸载速度以及成型断面的大小决定,可采用0.5~0.7m/min。混凝土振捣由设置在滑模机上的液压振动器完成,振动器应能根据混凝土的坍落度无级调速,一边振动一边前进。振动器的数量可根据混凝土护栏断面形状,配置5根左右。

⑤两处伸缩缝之间的混凝土护栏必须一次浇筑完成,伸缩缝应与水平面垂直,宽度应符合设计文件的规定,伸缩缝内不得连浆。

⑥混凝土初凝后,严禁振动模板,预埋钢筋不得承受外力。

⑦应根据气温和混凝土强度确定拆模时间,一般可在混凝土终凝后3~5天拆除混凝土护栏侧模。拆模时不应损坏混凝土护栏的边角,并应保持模板的完好状况。

⑧假缝可在混凝土护栏拆除模板后,按设计文件要求的间距和规格采用切割机切开,并应保证断面光滑、平整。

(3)预制混凝土护栏

①预制混凝土护栏的施工场地应平整、坚实、排水良好、交通方便。

②应采用钢模板,模板长度应根据吊装和运输条件确定,宜采用固定的规格。

③每块预制混凝土护栏必须一次浇筑完成。

④拆模时间应根据气温和混凝土达到的强度而定,拆模时混凝土强度不应低于设计强度的70%。拆模时不得损坏混凝土护栏的边角,并应保持模板完好。

⑤在起吊、运输和堆放过程中,不得损坏混凝土护栏构件的边角,否则在安装就位后,应采用高于混凝土护栏强度的材料及时修补。

⑥混凝土护栏的安装应从一端逐步向前推进,护栏的线形应与公路的平、纵线形相协调。

⑦中央分隔带混凝土护栏在超高路段,应按设计文件要求处理好排水问题。

3.4.3 验收

(1)混凝土护栏的线形应与公路线形相一致,直线段不得出现明显的凸凹,曲线段应圆滑顺畅。

(2)混凝土护栏外观、色泽应均匀一致,不应出现漏石、蜂窝、麻面、裂缝、脱皮、啃边、掉角以及印痕等现象。

(3)混凝土护栏的强度等级、基础处理、地基承载力、端部处理及纵向连接等均应达到设计规范或设计文件的规定值。

(4)混凝土护栏施工时,不得损坏已完工的超高路段纵向排水沟、集水井、盲沟及管线等设施。

4 桥梁护栏

4.1 一般规定

4.1.1 桥梁护栏应在桥梁车行道板、人行道板施工完毕，跨中支架及脚手架拆除后桥跨处于独立支撑的状态时才能施工。

4.1.2 对于焊接的金属护栏，在进行防腐处理前应对所有外露焊缝做好磨光或补满的清面工作。

4.1.3 桥梁护栏施工前应对所有预埋件的设置位置、强度、腐蚀程度进行检查，不符合要求的必须整改。

4.2 材料

4.2.1 除设计文件另行规定外，桥梁护栏用各种材料应符合下列规定：

(1)钢材应符合现行《碳素结构钢》(GB/T 700)的规定。

(2)铝合金材料应符合现行《工业用铝及铝合金热挤压型材》(GB/T 6892)、《铝及铝合金拉(轧)制无缝管》(GB/T 6893)、《铝及铝合金轧制板材》(GB/T 3880)等的规定。

(3)配制混凝土所用的水泥、细集料、粗集料、拌和用水、外加剂以及钢筋等材料，应符合现行《公路桥涵施工技术规范》(JTJ 041)的规定。

(4)拼接螺栓应采用高强螺栓，并符合现行《钢结构用高强度大六角头螺栓》(GB/T 1228)、《钢结构用高强度大六角头螺母》(GB/T 1229)和《钢结构用高强度垫圈》(GB/T 1230)的有关规定。连接螺栓宜选用普通螺栓，并符合现行《六角头螺栓》(GB/T 5782)、《1型六角螺母》(GB/T 6170)和《平垫圈—A 级》(GB/T 97.1)等的规定。

4.2.2 桥梁护栏的防腐处理应符合下列规定：

(1)所有钢构件均应进行防腐处理。除设计文件另行规定外，防腐处理均应满足现行《高速公路交通工程钢构件防腐技术条件》(GB/T 18226)的规定。螺栓、螺母等紧固件和连接件在防腐处理后，必须清理螺纹或进行离心分离处理。

(2)铝合金构件可不考虑防腐处理，但在经常使用盐水除冰和靠近海岸的路段，以及由于长期使用表面变色而影响美观的路段，可采用阳极氧化涂装复合涂料或热固性丙烯树脂涂料进行防腐处理,其涂膜厚度一般为20~30μm。与水泥混凝土或灰浆直接接触的铝合金构件表面至少需热镀沥青两次,并应在热镀之前清除其表面油脂。

(3)不同材质的金属构件互相接触时应使用非金属套、垫或保护层使二者隔离。

(4)地脚螺栓在基础表面以下5cm范围内应采取适当的防锈措施。

4.3 金属桥梁护栏的施工

4.3.1 立柱放样与预埋件设置

(1)应以桥梁伸缩缝附近的端部立柱作为控制立柱,并在控制立柱之间测距定位。

(2)立柱间距出现零数时,可用分配的办法使其符合横梁规定的尺寸,立柱宜等距设置。

(3)在车行道板或人行道板上应准确地设置套筒或地脚螺栓等预埋件,并采取适当措施,使预埋件在桥梁施工期间免遭损坏。

4.3.2 护栏安装

(1)横梁和立柱的安装位置应准确。连接螺栓和拼接螺栓开始时不宜过早拧紧,以便在安装过程中充分利用横梁和立柱法兰盘的长圆孔进行调整,使其线形顺适,不应出现局部的凹凸现象。调整完毕后,必须拧紧螺栓。

(2)横梁、立柱等构件在安装过程中应避免损坏防腐层。安装完成后,应对被损坏的防腐层按规定的方法进行修复。

4.4 钢筋混凝土墙式和梁柱式桥梁护栏的施工

4.4.1 宜采用现场浇筑的方法进行施工,当采用预制件时,护栏与车行道板或人行道板间应按照设计文件的要求进行可靠连接。

4.4.2 护栏的施工应符合本规范第3.4节的规定。

4.4.3 护栏伸缩缝内清理干净后,应填满橡胶或沥青胶泥等弹性、不透水的材料。

4.4.4 端部翼墙应根据设计文件的要求加工模板,设置在桥梁上或路基段的端部翼墙应采用现场浇筑施工方法,并设置预埋件。

4.5 组合式桥梁护栏的施工

4.5.1 金属结构部分应符合本规范第4.3节的规定。

4.5.2 钢筋混凝土部分应符合本规范第4.4节的规定。

4.6 验收

4.6.1 桥梁护栏的型式、设置位置、构件规格及基础连接应与设计文件相一致，线形应与桥梁相协调。

4.6.2 护栏伸缩缝的宽度应与桥梁主体结构相一致。

4.6.3 钢构件应连接牢固，符合设计规范和设计文件的要求。防腐处理表面应光洁，焊缝处不应有毛刺、滴瘤和多余结块，防腐层应均匀。

4.6.4 钢筋混凝土护栏表面不应出现裂缝、蜂窝、剥落、露筋等缺陷。

4.6.5 桥梁护栏与路基护栏连接应设置符合设计文件要求的护栏过渡段。

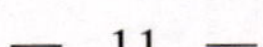

5 交通标志

5.1 一般规定

5.1.1 交通标志的加工、制作应符合现行《道路交通标志和标线》(GB 5768)和《公路交通标志板》(JT/T 279)的规定。

5.1.2 交通标志的设置应符合现行《道路交通标志和标线》(GB 5768)和设计文件的规定。

5.1.3 施工前应进行现场踏勘,发现与设计文件不一致处,应在施工前解决。

5.2 材料

5.2.1 除设计文件另行规定外,交通标志所用的材料应符合下列规定:

(1)标志板用材料应符合现行《公路交通标志板》(JT/T 279)的规定。

(2)标志立柱、横梁用钢管、H型钢、角钢及槽钢等钢构件,应符合现行《碳素结构钢》(GB/T 700)、《结构用无缝钢管》(GB/T 8162)、《直缝电焊钢管》(GB/T 13793)、《热轧钢板和钢带的尺寸、外形、重量及允许偏差》(GB/T 709)、《热轧H型钢和剖分T型钢》(GB/T 11263)等的规定。

(3)标志基础、里程碑、百米桩、公路界碑等所用的钢筋、水泥、细集料、粗集料、拌和用水、外加剂等材料,应符合现行《公路桥涵施工技术规范》(JTJ 041)的要求。

(4)法兰盘、加劲肋、连接螺栓、地脚螺栓等所用材料应符合设计文件的要求。

5.2.2 防腐要求

(1)所有钢构件均应进行防腐处理。除设计文件另行规定外,防腐处理均应满足现行《高速公路交通工程钢构件防腐技术条件》(GB/T 18226)的规定。螺栓、螺母等紧固件和连接件在防腐处理后,必须清理螺纹或进行离心分离处理。

(2)铝合金构件可不考虑防腐处理。

(3)不同材质的金属构件互相接触时,应使用非金属套、垫或保护层使两者隔离。

5.3 施工

5.3.1 加工标志底板

(1)标志底板应根据设计尺寸在工厂进行加工成型,并根据设计文件的要求进行加固、拼接、冲孔、卷边。挤压成型的铝合金型材应根据标志尺寸拼装,板面应保持平整。

(2)加工完成后,标志板应进行脱脂、清洗、干燥等工序。

5.3.2 制作标志面

(1)标志面采用反光膜材料时,应符合下列规定:

①标志反光膜应在干净、无尘土、温度不低于18℃、相对湿度在20%~50%的车间内进行粘贴。

②版面的形状、颜色、文字、箭头、编号、图形及边框应严格按照现行《道路交通标志和标线》(GB 5768)和设计文件的规定执行。

③标志反光膜的逆反射性能应符合设计要求。

④反光文字符号应采用电脑刻绘机来完成。标志底膜应在专用的真空热敏压贴机或连续电动滚压贴膜机上完成贴膜。文字符号一般采用转移膜法粘贴。

⑤反光膜应尽量减少拼接。当不能避免接缝时,应使用反光膜产品的最大宽度进行拼接,接缝以搭接为主。当需要滚筒粘贴或丝网印刷时,可以平接,其间隙不应超过1mm。在距标志板边缘50mm范围内,不得拼接。

(2)当批量生产版面和规格相同的标志时,可采用丝网印刷的方法。

(3)包装、贮存及运输标志面时,应符合下列规定:

①采用丝网印刷的标志面应在油墨干透后才可以包装。

②贴上反光膜的标志板应用保护纸进行分隔,并应存放在室内干燥的地方。标志可以分层贮存,但应用发泡胶把两块标志分隔。标志也可以竖立贮存以减少压力,一些小标志可以悬挂贮存。

③标志面应有软衬垫材料加以保护,以免搬运中受到刻划或其他损伤。

(4)采用其他标志面材料时,应符合设计文件的规定。

5.3.3 钢构件的加工

(1)所有钢构件的钻孔、冲孔、焊接均应按现行《公路桥涵施工技术规范》(JTJ 041)和设计文件的要求在防腐处理之前完成。

(2)所有钢构件在运输过程中不应损伤防腐层。

5.3.4 标志定位与基础设置

(1)所有交通标志均应按设计文件的要求确定设置位置。

(2)标志基础的地基承载力应满足设计文件的规定。设计文件中未规定时,地基承载力不得小于150kPa。基础的施工应符合现行《公路桥涵施工技术规范》(JTJ 041)的规定,浇筑混凝土时,应注意准确设置地脚螺栓和底座法兰盘。

5.3.5 标志安装

(1)立柱必须在基础混凝土强度达到设计强度的80%以上时才能安装。

(2)路侧柱式标志板可通过抱箍固定在立柱上。

(3)悬臂、门架式标志吊装横梁时,应使预拱度达到设计文件的要求。

(4)标志板安装到位后,应进行板面平整度和安装角度的调整。

5.3.6 里程碑、百米桩、公路界碑的施工

(1)里程碑、百米桩、公路界碑应按实际里程准确定位和设置。

(2)里程碑、百米桩、公路界碑等混凝土预制件的施工及强度应符合现行《公路桥涵施工技术规范》(JTJ 041)和设计文件的规定。

(3)除设计文件另有规定外,里程碑、百米桩、公路界碑应根据现行《道路交通标志和标线》(GB 5768)的规定制作和刷漆。

5.4 验收

5.4.1 标志的设置位置及安装角度应符合设计文件的要求。

5.4.2 标志面应平整完好,无起皱、开裂、缺损或凸凹变形。

5.4.3 标志面在夜间车灯照射下,底色和字符应清晰明亮、颜色均匀,不应出现明暗不均和影响认读的现象。

5.4.4 标志板外形尺寸、底板厚度、文字高度、标志面的逆反射性能等应符合设计文件的规定。

5.4.5 标志板下缘至路面的净空高度及标志板内缘距公路边缘线的距离应满足设计文件的要求。

5.4.6 所有钢构件防腐层应均匀、颜色一致,不得有流挂、滴瘤或多余结块,镀件表面应无漏镀等缺陷。

5.4.7 标志基础的地基承载力和规格、强度应符合设计要求。

6 交通标线

6.1 一般规定

6.1.1 新铺沥青混凝土路面的交通标线施工，可在路面施工完成一周后开始；新建水泥混凝土路面的交通标线施工，应在混凝土养护膜老化起皮并清除后开始。

6.1.2 雨、雪、沙尘暴、强风、气温低于规定温度的天气，应暂停施工。

6.1.3 突起路标宜在路面标线施工完成后安装，且不得影响标线质量。

6.1.4 路面标线、突起路标施工过程中，应加强安全管理，维护标线涂料和突起路标的正常养护周期。

6.2 材料

6.2.1 除设计文件另行规定外，路面标线涂料的性能、质量应符合现行《路面标线涂料》(JT/T 280)、《道路交通标线质量要求和检测方法》(GB/T 16311)的规定。

6.2.2 除设计文件另行规定外，突起路标的性能应符合现行《突起路标》(JT/T 390)的规定，底胶可采用耐候性专用沥青胶或环氧树脂。

6.3 施工

6.3.1 路面标线的施工

(1)路面应清洁干燥，不得存在松散颗粒、灰尘、沥青渣、油污或其他有害材料。

(2)应根据公路横断面的具体尺寸和设计文件的要求确定标线位置和标线宽度、长度，在路面上划出标线位置。

(3)正式施划前应进行试划，以检验划线车的行驶速度、线宽、标线厚度、玻璃珠撒布量等能否满足要求。调试合格后才能开始正式施工。

(4)施工时，应按设计文件的要求留出排水孔，位于禁止超车线处的突起路标应空出其位置。

(5)对施工中存在的缺陷,应及时修整。

(6)成型标线带和防滑彩色路面标线的施工应符合产品使用说明书的规定。

6.3.2 突起路标的施工

(1)根据设计文件的要求确定突起路标的设置位置,反射体应面向行车方向。

(2)路面和突起路标底部应清洁干燥并涂加粘结剂。突起路标就位后,应在其顶部施加压力,排除空气,调整就位。

6.4 验收

6.4.1 路面标线的颜色、形状和标线划法应符合现行《道路交通标志和标线》(GB 5768)和设计文件的规定。

6.4.2 路面标线、突起路标的设置位置和规格应符合设计文件的规定。

6.4.3 标线线形应流畅,与公路线形相协调,曲线圆滑,不得出现折线。

6.4.4 反光标线玻璃珠应撒布均匀,附着牢固,反光均匀。

6.4.5 标线涂料表面不应出现网状裂缝、断裂裂缝、起泡、变色、剥落、纵向有长的起筋或拉槽等现象。

6.4.6 突起路标的抗压荷载应大于160kN,不得有任何破损开裂。

7 隔离栅和桥梁护网

7.1 一般规定

7.1.1 隔离栅所在位置应进行场地清理，软基应进行处理。

7.1.2 桥梁护网施工前应对所有预埋件的设置位置、强度、腐蚀程度进行检查，不符合要求的应整改。

7.2 材料

7.2.1 除设计文件另行规定外，隔离栅和桥梁护网所用的金属材料应符合现行《隔离栅技术条件》(JT/T 374)的规定，混凝土立柱和基础所用的钢筋、水泥、细集料、粗集料、拌和用水、外加剂等材料应符合现行《公路桥涵施工技术规范》(JTJ 041)的规定。

7.2.2 所有钢构件均应进行防腐处理。除设计文件另行规定外，防腐处理均应满足现行《高速公路交通工程钢构件防腐技术条件》(GB/T 18226)的规定。螺栓、螺母等紧固件和连接件在防腐处理后，必须清理螺纹或进行离心分离处理。

7.3 施工

7.3.1 隔离栅的施工

(1)应根据设计文件中规定的隔离栅设置位置和实际地形、地物条件确定控制立柱的位置和立柱中心线，在控制立柱之间按设计文件规定的柱距定出柱位。

(2)每个柱位均应按设计文件的要求确定高程，并应按实际地形进行调整。

(3)应根据设计文件的规定开挖基坑。

(4)立柱应根据设计文件的规定设置在现浇混凝土基础或预制混凝土基础内。立柱的埋设应分段进行。可先埋设两端的立柱，然后拉线埋设中间立柱，控制立柱与中间立柱的平面投影应在一条直线上，柱顶应平顺。预制混凝土立柱和基础在运输及装卸时应避免折断或损坏边角。

(5)混凝土基础强度达到设计强度的70%以上时，可按下列规定安装隔离栅网片：

①安装无框架卷网时，应从端头立柱开始，沿纵向展开，边铺设边拉紧，挂钩时网片不

得变形。

②安装有框架的片网时,网面应平整,框架应整体平顺、美观,框架与立柱应连接牢固。

③安装刺钢丝网时,应从端头立柱开始。刺钢丝之间应平行、平直,绷紧后应与立柱上的铁钩牢固绑扎,横向与斜向刺钢丝相交处也应绑扎牢固。

(6)隔离栅网片安装完毕后,应对基础周围进行夯实处理。

7.3.2 桥梁护网的施工

(1)应以上跨桥梁与公路、铁路等设施的交叉点为控制点,向两侧对称进行桥梁护网的施工。桥梁护网的设置长度应符合设计文件的规定。

(2)应根据桥梁护网立柱预埋基础的位置安装立柱。未设置预埋件时,应采取后固定的施工工艺固定立柱。

(3)桥梁防护网网片应牢固地安装在立柱上,网片应平整、绷紧。

(4)应根据设计文件的规定对桥梁护网做防雷接地处理。

7.4 验收

7.4.1 隔离栅和桥梁护网的封闭应严密、牢固,不应出现缺口。

7.4.2 隔离栅应与公路线形走向一致,顺直、流畅,纵坡起伏自然、美观。

7.4.3 混凝土基础尺寸和埋深、立柱的垂直度和柱间距、网面高度以及混凝土立柱和基础的强度等级应符合设计文件的规定。

7.4.4 安装完成的金属网片不得有明显变形,电焊网不得脱焊、虚焊。

7.4.5 镀锌层表面应均匀完整、颜色一致,不得有气泡、裂纹、疤痕、折叠等缺陷。

7.4.6 混凝土立柱应密实平整,不得有裂缝、翘曲、蜂窝、麻面等缺陷。

7.4.7 桥梁护网的防雷接地处理应符合设计文件的规定。

8 防眩设施

8.1 一般规定

8.1.1 桥梁段或混凝土护栏上设置防眩板、防眩网时，应对预埋件的设置位置、强度和腐蚀程度进行检查，不符合要求的应整改。

8.1.2 植树防眩应符合设计文件和有关规范的规定。

8.2 材料

8.2.1 除设计文件另行规定外，防眩板、防眩网所用材料应符合现行《公路防眩设施技术条件》(JT/T 333)、《塑料防眩板》(JT/T 598)、《公路用玻璃纤维增强塑料产品　第4部分:防眩板》(JT/T 599.4)的规定。独立设置的混凝土基础所用的钢筋、水泥、细集料、粗集料、拌和用水、外加剂等材料，应符合现行《公路桥涵施工技术规范》(JTJ 041)的规定。

8.2.2 所有钢构件均应进行防腐处理。除设计文件另行规定外，防腐处理均应满足现行《高速公路交通工程钢构件防腐技术条件》(GB/T 18226)的规定。螺栓、螺母等紧固件和连接件在防腐处理后，必须清理螺纹或进行离心分离处理。

8.3 施工

8.3.1 设置于混凝土护栏上的防眩板或防眩网的安装

(1)防眩板或防眩网可通过混凝土护栏顶部的预埋件及连接件安装在混凝土护栏上。未设置预埋件时，可采取后固定的施工工艺安装。

(2)混凝土护栏强度低于设计强度的70%时，不得安装防眩板或防眩网。

(3)防眩板或防眩网下缘与混凝土护栏顶部的间距应符合设计文件的规定。

(4)防眩板或防眩网安装后，不得削弱混凝土护栏的原有功能。

8.3.2 设置于波形梁护栏上的防眩板或防眩网的安装

(1)防眩板或防眩网可通过连接件安装在波形梁护栏上。

(2)防眩板或防眩网安装在波形梁护栏上时，不得削弱波形梁护栏的原有功能。

(3)防眩板或防眩网下缘与波形梁护栏顶面的间距应符合设计文件的规定。

(4)施工过程中不应损伤波形梁护栏的防腐层,否则应在24h之内予以修补。

8.3.3 独立设置立柱的防眩板或防眩网的安装

(1)施工前,应清理场地、协调与其他设施的关系。

(2)防眩板或防眩网单独设置立柱时,可根据所在位置将立柱埋入土中、设置混凝土基础或固定于桥梁、通道、明涵等构造物上。设置混凝土基础,其强度达到设计强度的70%以上时,才能在立柱上安装防眩板或防眩网。

(3)立柱施工时,不得破坏地下管线和排水设施。

8.4 验收

8.4.1 防眩板或防眩网安装完成后,其设置路段、防眩高度、遮光角应满足设计要求。

8.4.2 防眩板或防眩网整体应与公路线形协调一致,不得有明显的扭曲或凹凸不平。

8.4.3 防眩板或防眩网外观不应有划痕、颜色不均等缺陷。防腐层不得有气泡、裂纹、疤痕、端面分层、毛刺等缺陷。

8.4.4 防眩板或防眩网应牢固安装。

9 轮廓标

9.1 一般规定

9.1.1 轮廓标应在具备安装条件时施工。

9.1.2 在施工安装前，应对轮廓标的埋设条件、位置、数量进行核对。

9.2 材料

9.2.1 除设计文件另行规定外，轮廓标所用材料应符合现行《轮廓标技术条件》(JT/T 388)的规定。混凝土基础所用的钢筋、水泥、细集料、粗集料、拌和用水、外加剂等材料，应符合现行《公路桥涵施工技术规范》(JTJ 041)的规定。

9.2.2 所有钢构件均应进行防腐处理。除设计文件另行规定外，防腐处理均应满足现行《高速公路交通工程钢构件防腐技术条件》(GB/T 18226)的规定。螺栓、螺母等紧固件和连接件在防腐处理后，必须清理螺纹或进行离心分离处理。

9.3 施工

9.3.1 柱式轮廓标的施工

(1)柱式轮廓标应按设计文件的规定量距定位。

(2)混凝土基础可采用现浇或预制的方法施工，并应符合现行《公路桥涵施工技术规范》(JTJ 041)的规定，预制时应按设计文件的规定预埋连接件。

(3)柱式轮廓标安装时，柱体应垂直于水平面，三角形柱体的顶角平分线应垂直于公路中心线，柱体与混凝土基础之间可用螺栓连接。

9.3.2 附着式轮廓标的施工

(1)附着于梁柱式护栏上的轮廓标可按立柱间距定位，附着于混凝土护栏和隧道侧墙上的轮廓标应量距定位。

(2)附着式轮廓标应按照放样确定的位置进行安装。反射器的安装角度应符合设计文件的规定。安装高度宜尽量统一，并应连接牢固。

9.4 验收

9.4.1 轮廓标安装完成后应与公路线形协调一致。夜间应反光明亮、线条流畅。安装高度宜保持一致。

9.4.2 轮廓标的外形尺寸应符合设计文件的规定。

9.4.3 柱式轮廓标应安装牢固,柱体表面不应有明显的划痕、气泡、裂纹及颜色不均等缺陷。

9.4.4 附着式轮廓标应安装牢固、角度准确、高度一致。

9.4.5 钢构件表面防腐处理应满足设计文件的规定。

10 活动护栏

10.1 一般规定

10.1.1 插拔式活动护栏的预埋基础应在面层施工前完成,其余部分应在路面施工后安装。插拔式活动护栏应在工厂加工制作。

10.1.2 充填式活动护栏应在路面施工后安装。

10.2 材料

10.2.1 除设计文件另行规定外,活动护栏所用的材料应符合下列规定:

(1)插拔式活动护栏所采用钢构件应符合现行《碳素结构钢》(GB/T 700)的规定。混凝土基础所用的钢筋、水泥、细集料、粗集料、拌和用水、外加剂等材料,应符合现行《公路桥涵施工技术规范》(JTJ 041)的规定。

(2)充填式活动护栏所采用的玻璃钢材料应符合现行《公路用玻璃纤维增强塑料产品》(JT/T 599)的规定。

10.2.2 插拔式活动护栏所用的钢构件均应进行防腐处理。除设计文件另行规定外,防腐处理应符合现行《高速公路交通工程钢构件防腐技术条件》(GB/T 18226)的规定。

10.3 施工

10.3.1 插拔式活动护栏的施工

(1)插拔式活动护栏基础应根据设计文件放样,并与中央分隔带护栏端头相协调。应调查基础与地下管线是否冲突,经论证可对基础的埋设位置或标高进行适当调整。

(2)混凝土基础可采用现浇法施工,并应符合现行《公路桥涵施工技术规范》(JTJ 041)的规定,混凝土浇筑时应按设计文件的规定预埋连接件。基础施工完成后应采取措施,防止杂物落入预埋套管内。

(3)基础混凝土强度达设计强度的70%以上后,可将焊接成整体的插拔式活动护栏片插入预埋套管内。

(4)对有防眩和视线诱导要求的路段,应按设计文件要求安装防眩设施和轮廓标。

10.3.2 充填式活动护栏的施工

(1)充填式活动护栏应按设计文件的规定放样定位和拼装。

(2)线形调整平顺后,应将符合设计文件要求的材料按规定数量充填活动护栏。

10.4 验收

10.4.1 活动护栏的型式、规格、钢构件的防腐处理应符合设计文件的要求。

10.4.2 插拔式活动护栏的预埋套管应定位精确。

10.4.3 活动护栏宜与两端护栏齐平,线形与公路保持一致。

10.4.4 充填式护栏的充填材料和数量应符合设计文件的规定。

10.4.5 有防眩和视线诱导要求的路段应安装相应的防眩设施和轮廓标。

本规范用词说明

本规范按执行的严格程度,对各项技术指标的规定,在条文用词上采用了以下写法,请使用者充分考虑工程项目所处自然条件、交通特点和工程特性等具体情况,灵活运用。

规范条文用词:

1 表示很严格,非这样做不可的用词:

正面词采用“必须”;反面词采用“严禁”。

2 表示严格,在正常情况下应这样做的用词:

正面词采用“应”;反面词采用“不应”或“不得”。

3 表示允许有选择,有条件时首先应这样做的用词:

正面词采用“宜”;反面词采用“不宜”。

4 表示允许有选择的用词:

正面词采用“可”。

附件

公路交通安全设施施工技术规范

（JTG F71—2006）

条 文 说 明

1 总则

1.0.1 交通行业标准《高速公路交通安全设施设计及施工技术规范》(JTJ 074—94,以下简称《94 版规范》)自交通部 1994 年 1 月发布,1994 年 6 月实施以来,至今已超过十年。这十多年来,是我国公路建设飞速发展时期,交通安全设施的建设取得了很大成绩。《94 版规范》对我国高速公路交通安全设施的建设起到了积极的指导和推动作用,深受公路界的好评。但与国外交通安全设施先进水平相比,与广大公路出行者对交通安全、交通服务的期望和需求相比,《94 版规范》还存在着很多不适应之处。

由于《94 版规范》是在 1988 ~ 1992 年期间制定的,属于我国高速公路早期建设的成果体现,限于当时的经济条件和高速公路建设的有限经验,交通安全设施的建设以经济、实用为原则。近几年来我国公路建设有了迅猛的发展,高速公路、等级公路总里程由 1994 年底的 500 余公里、86.14 万公里分别增至 2005 年底的 4.1 万公里、159.18 万公里。各地在使用《94 版规范》的过程中,积累了不少设计、施工的宝贵经验和教训,涌现了一批新的研究成果和结构型式,新材料、新工艺得到了广泛的应用,如新型三波波形梁护栏、新型混凝土护栏结构、新型标线材料、新材料的防眩板、新型突起路标和轮廓标等。这些成果均反映在新修订和制定的《道路交通标志和标线》(GB 5768—1999)、《公路三波形梁钢护栏》(JT/T 457—2001)、《隔离栅技术条件》(JT/T 374—1998)、《公路防眩设施技术条件》(JT/T 333—1997)、《塑料防眩板》(JT/T 598—2004)、《公路用玻璃纤维增强塑料产品　第 4 部分:防眩板》(JT/T 599.4—2004)、《突起路标》(JT/T 390—1999)、《轮廓标技术条件》(JT/T 388—1999)等一批技术标准中。《94 版规范》与上述标准已不匹配,修订本规范已非常迫切了。

此次修订后的规范,分为《公路交通安全设施施工技术规范》、《公路交通安全设施设计规范》和《公路交通安全设施设计细则》三册。《公路交通安全设施施工技术规范》针对我国公路建设的发展水平,结合我国的经济技术条件,因地制宜、实事求是地对材料的选用、施工中的关键工序、验收标准作出规定,以提高公路交通安全设施的使用效果,确保公路交通安全设施的施工质量。

1.0.2 本规范此次为修订。我国目前公路交通安全设施设计及施工的实施均按《94 版规范》执行,但该规范仅适用于高速公路和汽车专用一级公路,对一般公路的交通安全设施没有规定。考虑到其他等级的公路在我国公路通车里程中占有很大比重,交通安全形势也很严峻,另外现行《公路工程技术标准》(JTG B01—2003)重新划分了公路等级,所以本规范适用范围扩大到新建和改建的各等级公路。

1.0.3 交通安全设施的安装施工,应纳入到整个公路工程的施工环节中。一般情况下,在桥梁、通道、明涵、隧道、挡土墙等构造物的施工过程中,应根据工序和交通安全设施设计文件的要求,准确预留交通标志、护栏、桥梁护网、防眩设施的基础或预埋件。这样不但可为后续施工提供方便,而且还能提高上述设施与基础的连接强度,避免影响工期和增加不必要的费用。在路基路面、桥梁等构造物的施工后期,可以陆续开展交通安全设施各专业的施工。

1.0.4 交通安全设施的施工必须按交通部的有关规定及规范办理。关于施工过程中建设单位、设计单位、施工单位、监理单位的关系问题和施工中需要修改设计的问题,应按照交通部颁布的有关规定办理。

1.0.5 交通安全设施的施工准备和技术交底、施工组织、施工管理工作是完成施工任务和工程质量的保证条件,故本条予以强调。有关技术操作规程,包括交通部标准,如水泥混凝土、石料、金属等材料的试验规程,以及各省(区)、市等自行编制的施工工艺规程等。

1.0.6 为加快施工进度、提高使用效果、增加效益投资比,在施工时推广新技术、新工艺、新材料、新设备是非常必要的。但在推广使用上述"四新"时,必须采取积极稳妥的方针,一般应先做试验并经主管部门批准,以防止发生质量、安全事故。

1.0.7 环境保护是我国的一项基本国策,国家对此极为重视,除宪法中有专门的条文规定外,还颁发有《中华人民共和国环境保护法》、《中华人民共和国水污染防治法》、《征收排污费暂行办法》、《水土保持工作条例》、《工业"三废"排放试行标准》(GBJ 4—73)等法规。根据上述法规,在交通安全设施施工时,应严格控制金属防腐处理的污水排放,基础开挖后废弃的土、石、砂料应妥善处理,施工时应尽量选用环保、对人体和环境无害的材料。

1.0.8 文明施工要求施工单位严格遵守设计要求和施工技术规范,严密组织施工,并做到施工场地清洁、井然有序,没有随地乱扔的废旧材料、工具。工人的调度、安排,应随着工程需要而定,没有因窝工而闲逛或长时间闲谈的情况。施工中的废水、废渣不能随地乱排、乱放。能否做到文明施工是施工单位施工管理水平的体现。

安全生产是保护职工的安全和健康、促进社会生产力发展的基本保证。应当制止只顾施工进度而不顾职工安全的倾向。较为详细的安全操作要求可参见交通部发布的《公路工程施工安全技术规程》(JTJ 076—95)或其他部门的安全生产有关规定。

1.0.9 公路交通安全设施的施工除应符合本规范外,尚应符合国家现行的有关标准、规范的规定,其中质量检验评定方面应符合现行《公路工程质量检验评定标准》(JTG F80/1)的规定。

2 施工准备

2.0.1 施工单位在编制施工组织设计前，应组织有关人员对设计文件、资料进行研究和现场核对，必要时进行补充调查。研究设计文件、资料时，应首先查明是否齐全、清楚，设计文件本身及相互之间有无矛盾和错误，如发现设计文件和资料欠缺、错误、矛盾等情况，应向建设单位提出，予以补全、更正。大、中型项目，可要求建设单位进行设计交底，施工单位可提出修改意见供建设单位考虑。

2.0.5 参考《公路桥涵施工技术规范》(JTJ 041—2000)制定。

2.0.6 关于质量保证体系，建议包括：质量方针、质量目标、质量保证机构、质量保证程序、质量保证措施。

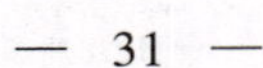

3 路基护栏

3.1 一般规定

3.1.1 缆索护栏、波形梁护栏的立柱,不但埋深应符合设计深度,而且护栏立柱必须牢固地埋入到密实的土层中。在高速公路护栏事故调查中发现,很多碰撞事故是因为立柱打入松土中,或由于立柱基础混凝土抗倾覆力不足,立柱不能起到应有的支撑作用,使车辆冲出路外。因此,路基土的压实度小于规定值时,应按规定对土基进行夯实后才能打入立柱或按设计文件要求采取其他加强措施。

混凝土护栏制作或安装后,如果地基没有夯实,混凝土护栏将发生不均匀沉降,影响护栏的美观和受力性能。地基土应按规定程序施工,分层夯实,地基的承载力应符合设计文件的规定。中央分隔带混凝土护栏宜嵌锁在面层中,以防发生横向位移。

3.1.2 现行《高速公路交通工程钢构件防腐技术条件》(GB/T 18226—2000)中对钢构件防腐的几种形式:热浸镀锌、热浸镀铝、涂塑、热浸镀锌(铝)后涂塑等的防腐技术条件都作了规定。目前国内最常用、工艺比较成熟、成本较低、使用效果也较好的是热浸镀锌,可优先采用。涂塑和热浸镀锌(铝)后涂塑的工艺可有效增加钢构件的美观程度,目前耐久性稍差,主要用于隔离栅和桥梁护网的防腐处理。随着工艺的不断改进,其防腐效果有切实保证后,可推广用于钢护栏的防腐。

为使螺栓、螺母能很好地工作,一般应把经过防腐处理的螺栓、螺母进行螺纹清理或做离心分离处理。

3.2 缆索护栏

3.2.1 材料

(1)路侧用缆索护栏的材料应符合正文中的规定。

①缆索的直径指的是横切断面的外接圆直径。3×7 表示每根缆索有 3 股,每股又由 7 根单丝组成。缆索用钢丝绳应符合现行《镀锌钢绞线》(YB/T 5004)的规定,具体性能和构造应符合正文表 3.2.1 的规定。护栏用缆索主要参照日本有关标准编写。这种缆索的构造系根据缆索护栏的特殊应用要求决定的,在同类直径的缆索中该种构造的单丝直径比较粗,这样可以增加耐腐性能。表 3.2.1 中提出的钢丝绳公称抗拉强度符合现行《镀锌钢绞线》(YB/T 5004)的规定。

②缆索护栏的立柱(端部立柱、中间端部立柱、中间立柱)和所有螺栓、螺母和垫圈、间隔保持件等，均采用普通碳素结构钢制作，并符合现行《碳素结构钢》(GB/T 700)中Q235钢的机械性能和冷弯试验指标。立柱可采用电焊钢管，端部结构和中间端部结构的弓形和半弓形立柱可采用铸钢来制造。

③各类缆索护栏(B、A级)用的托架应采用普通碳素结构钢板制造，并应符合现行《碳素结构钢和低合金结构钢热轧薄钢板及钢带》(GB/T 912)的规定。

④索端锚具(包括锚固缆索的锚具和与立柱连接的调节拉杆螺栓)和固定缆索用别针应采用优质碳素结构钢制造，缆索的锚固方法可采用套管中注入合金的方法，也可采用打入楔子的方法。不管采用哪一种方法，锚固强度均不能小于缆索的断裂强度而产生缆索被拔出或被损坏的后果。

(2)缆索用钢丝绳采用热浸镀锌防腐处理时，为保护缆索免遭腐蚀，应采用单丝热浸镀锌的办法。单丝进行热浸镀锌处理，应按现行《镀锌钢绞线》(YB/T 5004)的规定，采用250g/m^{2}的锌层重量。经热浸镀锌处理的钢丝表面应有一层均匀的锌层，不应出现裂纹、斑疤和露铁现象。用于镀层的锌应满足现行《锌锭》(GB/T 470)中特一号或一号锌的要求。钢丝经热浸镀锌后，一般对缆索不再进行防腐处理。但在一些特殊路段，例如，在大气中含有可使缆索严重腐蚀的离子时，或对公路的美观和视线诱导有较高要求时，可考虑在缆索镀锌层外再涂塑。涂塑层可选用日照下不易老化，具有良好耐候性的油漆、塑料包裹，这样可以增加防腐的年限，增加视线诱导的效果，使缆索护栏更加美观。

3.2.2 施工

(1)放样

①在放样前先确定好控制点(即控制立柱的位置)是非常重要的。缆索护栏是沿公路设置的连续性结构，它们与公路上的各种构造物应该很好地协调配合。在大中桥的桥头，缆索护栏与桥梁护栏有过渡的问题；在互通式立体交叉的进、出口匝道的分、合流处，缆索护栏有端头处理问题；在小桥、通道、明涵处，缆索护栏有如何跨越的问题等等。选择控制点的目的就是使护栏的布设更趋合理、施工更加方便。在控制点的位置大致确定以后，可根据设计文件的要求，对端部立柱、中间端部立柱、中间立柱的位置进行最后调整、定位。

②对地下管线、构造物等隐蔽工程的了解应周详仔细并进行适当处理，这样可减少在护栏安装过程中的损失。

(2)端部立柱和中间端部立柱的设置

①端部立柱和中间端部立柱均由立柱、斜撑和底板构成三角形支架。在安装之前，应按设计文件的要求，对各部件进行加工、钻孔，并进行焊接、防腐处理。

②基础埋设于土基中时，应根据混凝土基础的位置放样，根据放样线开挖基坑，并严格控制基坑尺寸。达规定标高后，经工程监理人员检查合格后，可开始铺砌基底的片石混凝土，经夯实后，架立符合设计规格的模板，安装稳固后即可浇筑混凝土。混凝土达到规定标高时，安放三角形支架并准确定位。为使端部立柱或中间端部立柱的位置和标高

在混凝土振捣过程中不改变,应采用适当的临时支架。基础混凝土浇筑完成后,应注意对基础混凝土进行养生,直到混凝土强度能保证其表面及棱角不因拆除模板而受损坏时方可拆除模板。拆模后如发现混凝土质量有问题时,应立即报告监理工程师,商讨补救措施。处理合格后,才能进行基础回填土,分层夯实,直到规定的标高。详细过程可详见现行《公路桥涵施工技术规范》(JTJ 041)的规定。

③端部立柱或中间端部立柱的基础应尽量避免与各种构造物连在一起,如因各种原因端部立柱的基础落在人工构造物中时,则应在构造物的水泥混凝土浇筑前,按设计文件的要求设置预埋件,混凝土达到规定强度时再安装端部立柱或中间端部立柱。

(3)中间立柱的设置

①为达到强度的要求和美观的效果,由中间立柱构成的线形应与公路线形相一致。

②中间立柱埋设于土基中时,因路基土质的不同而有不同的施工方法,常用的有以下几种:

a.挖埋法:在设置中间立柱的位置开挖直径不小于 20cm 的孔穴,达规定深度后,放入中间立柱。定位后,用砂土分层回填夯实,并达到规定的压实度。挖埋法适合于采用打入法有一定困难的路段。挖埋法可用人工挖孔,主要工具是钢钎和掏勺,柱孔直径在30cm 以上。柱孔挖好以后,要检查孔径、深度、垂直度,合格后方准进行立柱的埋设与安装。

b.钻孔法:在设置中间立柱的位置处用螺旋钻孔机等机械钻孔,达埋置深度的一半左右时,再将立柱打入到规定深度。钻孔法适合于挖埋、打入均有困难的路段,可用螺旋钻机或冲击钻等钻具进行定位钻孔,柱孔直径在 30cm 左右。柱孔钻好以后,要检查孔径、深度、垂直度,合格后方准进行立柱的埋设与安装。

c.打入法:在设置中间立柱的位置直接用打桩机(如气动打桩机、振动打桩机等)把立柱打入土中。打入过程中,立柱不应产生明显的变形、倾斜或扭曲。打入法适合于路基土中含石料很少的路段。采用打桩机打入立柱,可以精确控制立柱的位置和打入的深度。

埋设中间立柱时,为保证立柱纵、横向位置和垂直度的正确,可采取搭设支架的办法进行临时性固定。然后进行逐根立柱的调整,包括立柱埋深(标高控制)、垂直度、纵向线形、横断位置等的调整,检查合格后,即可将立柱固定在临时支架上,再次进行纵、横、高的检查,确认无误后,才允许用路基土分层回填夯实。在用路基土分层夯实有困难时,允许用最低水泥用量不小于 $255kg/m^3$ 的素混凝土浇筑。混凝土应按设计强度等级严格掌握配合比。浇筑混凝土时,应边填料边用钢钎捣实,一直浇筑到与地面齐平,抹平后,应注意养生。

③设置于桥梁、通道、明涵、挡土墙等路段的中间立柱,应首先对预埋件的设置进行检查,确认没有问题时,可根据不同的基础处理方式安装中间立柱。

(4)托架安装

安装中间立柱或中间端部立柱上的托架,应首先确认缆索护栏的类别及相应的托架编号和组合,在核对无误后即可开始安装托架。

缆索护栏的托架应朝向车行道,上托架和下托架在安装前应分清楚。

托架应按设计文件的要求用螺栓固定在立柱上。

(5)架设缆索

①架设缆索以前，应先检查端部立柱、中间端部立柱和中间立柱的位置是否正确，立柱与基础连接的牢固程度，以及立柱的垂直度、标高等是否满足设计要求。在基础混凝土强度达设计强度 80% 以上时，才能架设缆索。

②把缆索支放在立柱的内侧(即车行道一侧)，可以用专门的滚盘或人工放缆索。在滚放缆索的过程中，应避免把整盘钢丝绳弄乱，不应使钢丝绳打结、扭曲受伤，应避免在路面上长距离拖拽。直到把缆索从端部立柱的一端滚放到另一端的端部立柱或中间端部立柱为止。

③在安装缆索以前，应先把缆索固定在索端锚具上。固定的方法有楔子固定法和灌注合金法。

a.楔子固定法：先把缆索插入索端锚头中，然后把缆索按股解开，解开的长度按索端锚头的尺寸来确定，然后用小锤子把铝制楔子紧紧地打入插座中，缆索就被楔子锚住了。

b.灌注合金法：先把缆索插入索端锚头中，然后把缆索先按股解开，接着把每股钢丝绳按单丝分开，并把每根钢丝绳都调直，经除油处理后，即可往索端锚头中灌注合金，冷却后缆索就锚住了。

可根据施工条件选用其中一种。把缆索固定在锚具上以后，装上拉杆调节螺栓，并把索端锚具安装到端部立柱上。

④把索端锚具装到端部立柱上后，把拉杆螺栓调节好，就可顺着中间立柱把缆索临时夹持在托架的规定孔槽中，一直把缆索连接到另一端部立柱或中间端部立柱上，这时的缆索完全处于松弛状态。此时应利用缆索张紧设备临时拉紧。张紧设备可采用倒链滑车、杠杆式倒链张紧器或其他张紧设备。将钢丝绳与张紧器通过钢丝绳夹固定，逐渐把钢丝绳拉紧。根据规定，B 级和 A 级缆索护栏的初拉力为 20kN。在临时张拉的过程中要不断检查托架上的索夹是否保持放松状态，并在各中间立柱之间不断向上挑动缆索。缆索拉至规定初拉力后，持荷 3min。

⑤在临时张紧状态下，即可根据索端锚具的尺寸确定切断缆索的正确位置。切断缆索的断面要垂直整齐，为防止钢丝松散，可在切断处两端用铁丝绑扎。缆索的切割可用高速无齿锯，以避免引起钢缆端部退火。

缆索切断后可按本款第③项规定的方法将其锚固在索端锚头上。

⑥缆索与索端锚具固定后，即可与拉杆螺丝连接，并安装到端部立柱上，这时可以卸除临时张拉力，缆索就被紧紧地架设在护栏立柱上了。

⑦护栏的缆索应从上至下依次一根一根地安装，每根缆索的安装次序都按上述的步骤进行。

⑧缆索护栏的缆索最大长度，当采用人工架设时为 300m，采用机械架设时，长度可达 500m。每段护栏的所有缆索应自上而下连续完成。每段护栏的缆索架设完毕后，应全面检查缆索的张紧程度。检查合格后，可逐个拧紧托架上的索夹，把缆索的位置固定。同时，拧紧拉杆螺丝上的调整螺母，把缆索固定好。

3.2.3 验收

如果缆索护栏工程在验收前提交的技术资料齐备,端部基础施工作为隐蔽工程已做过中间验收,则可在工程验收时重点进行外观抽查。如缆索护栏施工完成后提交的技术资料不全,在施工过程中也没有组织中间检查,则在缆索护栏工程验收时,针对资料短缺的部分应进行逐项抽查。缆索护栏工程验收的外观抽查,重点是缆索护栏的整体性能。缆索护栏应具有美观的外形,特别需要与公路纵、横向线形和公路景观相协调。

(1)立柱埋深不得小于设计值。采用挖埋法施工,立柱埋入土中时,回填土应分层夯实,并达到规定的压实度;立柱埋入混凝土中时,基础混凝土的几何尺寸、强度等应符合设计要求。

(2)采用打入法施工时,立柱顶部不应出现明显变形、倾斜、扭曲或卷边等现象。

(3)索端锚具、托架、索夹螺栓应安装到位、固定牢固。托架编号和组合应与缆索护栏的类别相适应,上、下托架位置正确。

(4)金属构件表面不得有气泡、剥落、漏镀及划痕等表面缺陷。

(5)直线段护栏没有明显的凹凸现象,曲线段护栏圆滑顺畅。

(6)立柱中距、立柱垂直度、缆索的高度应满足设计要求。

3.3 波形梁护栏

3.3.1 材料

现行《高速公路波形梁钢护栏》(JT/T 281)、《公路三波形梁钢护栏》(JT/T 457)及《结构用冷弯空心型钢尺寸、外形、重量及允许偏差》(GB/T 6728)等标准、规范对波形梁护栏所用的各种材料的规格和材质均有详细的规定,除设计文件另行规定外,原则上应选择符合上述标准的产品。

3.3.2 施工

(1)立柱放样

立柱放样应以公路固定设施如桥梁、通道、涵洞、隧道、中央分隔带开口、紧急电话开口、路线交叉等为主要控制点(即控制立柱的位置)。应在两控制点之间量距,如出现零头数,可通过合适的调整段调整。立柱间距可能有不大于25cm的间距零头数,可通过分配法将其调整至多根立柱间距中。

为准确放样和保证护栏的线形,在条件允许时可使用全站仪、经纬仪、水准仪等测量仪器。

放样后,应确认立柱施工将不会造成对地下设施的损坏,否则应调整立柱的位置。在涵洞顶部填土高度不足时,应改用混凝土基础,或调整该立柱的位置。

(2)立柱安装

①护栏与公路线形相一致,不但美观,而且能增加护栏的整体强度。

②如路肩和中央分隔带路基情况允许,一般采用打入法设置立柱,但立柱定位应准确无误。立柱打入土中应至设计深度,当打入过深时,不得只将立柱部分拔出加以矫正,而需将其全部拔出,待基础压实后重新打入。

打入困难时,可采用钻孔法或挖埋法施工。采用这两种方法时,回填土应分层夯实,使其具有不低于相邻原状土的密实度。

③沥青路面段设置立柱时,柱坑从路基至面层以下5cm处采用与路基相同的材料回填并分层夯实,余下部分采用与路面相同材料回填并夯实。立柱位置、标高在安装时需严格控制。

④石方区的护栏应根据设计文件的要求设置混凝土基础。

⑤护栏立柱设置于构造物中时,应在构造物施工时做好混凝土基础。采用预留孔基础时,应先清除孔内杂物,排出孔内积水。将液态沥青在孔底刷涂一遍,然后放入立柱,控制好标高,即可在立柱周围灌注砂浆或混凝土。在灌注时一定要保持立柱的正确位置和垂直度。灌注完毕并捣实后,可用沥青封口,以防止雨水漏入孔内。采用法兰盘基础时,应把定位法兰盘和地脚螺栓、螺母清理干净,安装立柱时应控制立柱的方向和标高,调整其位置,经检查合格后方可拧紧法兰盘地脚螺栓。如采用可抽换式基础时,承座器应先固定在构造物中,安装时把立柱插入其中,调整好高度,即可把迫紧器与承座器的连接螺栓拧紧,立柱即被锁固。

⑥考虑到护栏结构对景观及对驾驶员视线诱导的影响,立柱就位后其线形和高度需顺畅。

⑦渐变段及端部为护栏施工中需重点注意的部位,施工中应严格控制其立柱位置,注意线形。

(3)防阻块、托架、横隔梁安装

①防阻块能防止立柱阻绊车轮,避免护栏局部受力、减小碰撞时车辆的加速度。托架适用于路肩较窄或护栏设置防阻块受限的情况。在安装时,应保证使其准确就位。在调整好立柱后,即可安装防阻块,最后安装波形梁板并进行统一调整。防撞等级为SA、SAm和SS的波形梁护栏在安装防阻块时,应根据设计文件要求,同时安装上层立柱。

②设有横隔梁的护栏,把梁与横隔梁连为一体成为组合型护栏。横隔梁应平行于路面(即垂直于立柱)安装。在安装波形梁板之前不应拧紧横隔梁与立柱的连接螺栓,否则不易进行总体调节。

(4)横梁安装

①波形梁护栏板的搭接方向是安装的关键,搭接方向应与行车方向一致。如搭接方向与正文图3.3.2所示方向相反,即使是轻微的擦碰,也会造成较大的损失。为保证护栏板通过拼接形成牢固的纵向整体横梁,拼接螺栓必须采用高强螺栓。

②防撞等级为SA、SAm和SS的波形梁护栏通过倾斜方向的螺栓将上层横梁与上层立柱加以连接。

③如经调节后出现不规则的立柱间距时,可利用设计文件中的调节板加以调节,考虑到强度和防腐的因素,不得采用现场切割护栏板的方法。

④波形梁护栏板在安装过程中需不断进行调整,因此,不应过早拧紧其连接螺栓和拼接螺栓,否则将无法发挥板上长圆孔的调节作用。待调节完成后,需按规定扭矩拧紧拼接螺栓。

(5)端头安装

中央分隔带护栏的端头梁与两侧梁相连,端头附近的立柱应按设计文件的要求进行加强处理。路侧护栏的端部结构由端柱、端头梁、混凝土基础等组成。在端部基础混凝土达到设计强度70%后,方可安装端部结构。如因土基压实度不足等原因需要对端部结构进一步加强时,经论证,可根据设计文件的要求在端头梁附近设置钢丝绳锚固件。

3.3.3 验收

(1)从编写组的调研结果和目前施工中发现的问题来看,一些护栏的设置存在着立柱埋深不足或周围土路肩压实度不足、石方路段和挡土墙上的护栏立柱没有做好生根处理、护栏端部处理和过渡段处理不理想等缺陷。这些缺陷都妨碍了护栏整体功能的发挥,因此验收时应注意这些问题是否得到了解决。

(2)立柱的位置、中距、垂直度和横梁中心高度均应符合设计要求,这是护栏发挥功能的基本保证。横梁中心高度是指从路面到波形梁横梁中心点的垂直距离。

(3)护栏各种构件的防腐处理应符合设计要求,对运输、施工中造成的防腐层的损伤应及时采取补救措施。

(4)波形梁护栏是一种半刚性结构,验收时应注意护栏安装与公路线形的整体协调性:直线段护栏不得有明显的凹凸、起伏现象;曲线段护栏应圆滑顺畅,与线形协调一致;中央分隔带开口端头护栏的线形应与设计文件相符。安装于平曲线半径小于70m路段上的护栏,建议波形梁板在工厂内弯曲成型;曲线半径大于70m时,可以根据设计文件用2m的波形梁板直接安装,但必须采取适当措施进行调整。

(5)~(8)这四款对护栏发挥整体防撞功能、减小事故严重程度、增加美观效果非常重要,在验收时应予以重视。

3.4 混凝土护栏

3.4.1 材料

(1)现行《公路桥涵施工技术规范》(JTJ 041)对公路桥梁中所采用的混凝土材料的配置均作了具体规定,施工时应根据设计文件中提供的混凝土强度等级遵照执行。

(2)钢管桩可采用与护栏立柱相同的材料制作。

3.4.2 施工

现行《公路桥涵施工技术规范》(JTJ 041)对现浇和预制混凝土的拌制、运输、浇筑、抗冻、抗渗及防腐蚀、养护及修饰和模板的制作等作了全面的规定,本条主要针对混凝土护栏的特点作出了一些特殊规定。

(1)混凝土护栏的起讫位置应由公路构造物,如大、中桥梁、中央分隔带开口、隧道等作为控制点,定好长度并应精确测量。施工放样时,应根据现场条件确定混凝土护栏的中心位置及设计标高。浇筑混凝土护栏基础前,应检测基础承载力是否达到 150kPa 或设计规定值。

(2)浇筑混凝土护栏一定要保证其光滑、平整,这主要是基于以下原因:

①由于车辆与护栏碰撞时做连续滑移运动并最终脱离护栏,所以要求护栏与车辆的接触面要光滑,没有明显的突出物,以降低车辆与护栏接触面的摩擦系数,从而延长车辆与护栏的接触时间,减小车辆的加速度,达到保护乘客安全的目的。美国 AASHTO《桥梁护栏指导规范》(1988)把护栏与车辆间的摩擦系数 μ 作为评价护栏能否顺滑地改变失控车辆方向的重要指标,如表 3-1。μ 可由式 3-1 计算。

表 3-1　护栏与车辆间的摩擦系数 μ 评价

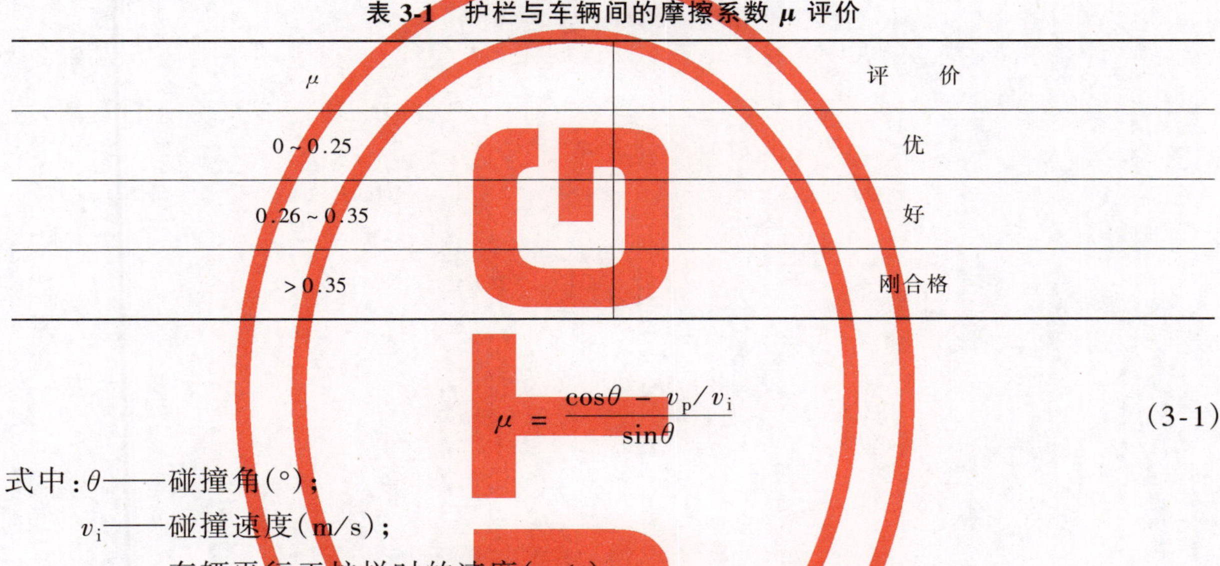

μ	评　价
0 ~ 0.25	优
0.26 ~ 0.35	好
> 0.35	刚合格

$$\mu = \frac{\cos\theta - v_p / v_i}{\sin\theta} \tag{3-1}$$

式中:θ——碰撞角(°);

v_i——碰撞速度(m/s);

v_p——车辆平行于护栏时的速度(m/s)。

②对混凝土护栏表面如采用一般水泥砂浆抹面的方法修整,虽然一定时间内也能起到降低摩擦系数和增加美观的效果,但由于护栏表面要不断承受车辆的碰撞与摩擦,以及气候变化引起的冻融破坏,会造成护栏表面脱皮、剥落,结果是护栏外观不但不美观,而且使护栏表面摩擦系数增大,影响了护栏的防撞性能。

因此,混凝土护栏的模板制作应符合本规范及现行《公路桥涵施工技术规范》(JTJ 041)的规定。混凝土护栏的模板和脱模剂类别应统一,模板应光洁,无变形、无漏浆,这样才能保证混凝土护栏表面的光滑、平整,使混凝土护栏充分发挥功能。

3.4.3　验收

(1)无论现浇或预制成型的中央分隔带或路侧混凝土护栏,均应与公路线形相一致,不得出现明显的凸凹、折线线形,以保障护栏功能的发挥并增加美观效果。

(2)护栏外观应光滑、平整,不应有漏石、蜂窝、麻面、裂缝、脱皮、啃边、掉角以及印痕等现象。

(3)混凝土护栏是要承受失控车辆冲击并经受车辆与护栏面间巨大摩擦的设施,混凝土强度等级应达到设计规范或设计文件的规定值。此外,混凝土护栏的基础、地基承载力、端部处理及纵向连接是护栏功能发挥的重要基础,也应符合有关规定。

(4)超高路段中央分隔带护栏施工时,如不加处理,将造成积水、排水不畅。因此,中央分隔带混凝土护栏路段必须重视排水问题,且不得损坏已完工的超高路段纵向排水沟、集水井、盲沟管线等设施。

4 桥梁护栏

4.2 材料

4.2.1 桥梁护栏所用的各种材料应符合设计文件和相关标准的规定。

4.2.2 钢构件的防腐处理方法及防腐要求可详见第 3.1.2 条的条文说明。钢构件的防腐质量是保证钢构件使用耐久性的重要条件之一，关于防腐层的使用寿命可参考下列资料。

防腐层的寿命主要取决于腐蚀环境和镀(涂)层的耐久性。镀锌层在城市大气中的腐蚀速率为 14.3 ~ 50g/(m^2·年)，而在工业大气中的腐蚀速率为 28.6 ~ 142.8g/(m^2·年)，这是由于工业大气中二氧化硫的浓度较大，使腐蚀更加严重所致。镀锌层在海洋大气中的腐蚀程度与在城市大气中的腐蚀接近，其腐蚀速率为 7.1 ~ 50g/(m^2·年)。

根据美国材料试验协会(ASTM)1952 年、1954 年、1958 年的研究报告，22 块镀锌钢板(660mm × 762mm)在 1926 年 ~ 1958 年 32 年间的试验结果如表 4-1。

表 4-1 镀锌板的耐腐蚀年限(单位:年)

镀锌 / 耐用年限 / 试验地	381g/m^2(单面)			191g/m^2(单面)			非镀锌钢板
	第一次腐蚀	完全腐蚀	有第一个腐蚀穿孔	第一次腐蚀	完全腐蚀	有第一个腐蚀穿孔	有第一个腐蚀穿孔
A 类重工业地带	5.9(平均)	14.4	19.5	3.2(平均)	6.1(平均)	15.5	2.0
B 类重工业地带	4.6(平均)	11.2(平均)	17.5	2.4(平均)	4.3(平均)	13.5	4.3
一般市区	20.5	经过 32 年未见腐蚀	经过 32 年未见腐蚀	14.6(平均)	29.0	经过 32 年未见腐蚀	2.4
大西洋海岸	13.1(平均)	23.0	经过 25 年未见腐蚀	6.8(平均)	15.2(平均)	经过 25 年未见腐蚀	4.9
海岸城市街道	19.8	—	21.3	10.6	—	14.8	3.6

根据表 4-1 的结果，可以计算出在不同环境条件下，不同镀锌量钢板的耐腐蚀年限。美国的钢护栏镀锌量，就是参照上述试验结果规定的。

4.3 金属桥梁护栏的施工

4.3.1 立柱放样与预埋件设置

(1)放样前,应选择桥梁伸缩缝附近的端部立柱等作为控制立柱,并在控制立柱之间测距定位。

(2)立柱放样,当间距出现零数时,可用分配的办法使之符合横梁规定的尺寸。立柱宜等距设置。

(3)立柱定位后,在桥面板或人行道板上准确地设置预埋件,如地脚螺栓或套筒等,并采取适当措施,保护预埋件在桥梁施工期间免遭损坏。

4.3.2 护栏安装

(1)护栏安装前应对立柱基础预埋件的位置进行复测,符合设计要求后方能安装立柱和横梁。安装前应做好施工场地的各项准备工作,安装过程中应特别注意控制螺栓扭矩、焊缝间距、桥梁伸缩缝的设置间距。横梁和立柱的位置应准确。连接螺栓和拼接螺栓初始不宜过早拧紧,以便在安装过程中充分利用横梁和立柱法兰盘的长圆孔进行调整,使其线形顺适,不应出现局部的凹凸现象,最后必须拧紧螺栓。

(2)横梁、立柱等构件在安装过程中应尽量避免损坏防腐层。安装完成后,应对被损坏的防腐层按规定的方法进行修复。

4.4 钢筋混凝土墙式和梁柱式护栏的施工

4.4.1 为便于混凝土护栏与桥梁的车行道板或人行道板之间以及混凝土护栏的纵向牢固连接,钢筋混凝土墙式和梁柱式护栏宜采用就地浇筑的方法进行施工。如果采用预制件时,护栏与车行道板或人行道板间需进行特殊的连接设计,以保证护栏与桥面钢筋的可靠连接。

4.4.2 钢筋混凝土墙式和梁柱式护栏作为永久性构造物,一方面受气候变化的影响,另一方面受车辆碰撞的摩擦,常使表面剥落,使护栏表面摩擦系数增大,降低失控车辆改变方向的能力,并影响美观。近几年的工程实践中,特别是在冻融地区,混凝土护栏表面发生啃边和脱皮的现象较为严重。为保证施工质量,钢筋混凝土墙式和梁柱式护栏应严格按本规范第3.4节的规定进行施工。

4.4.3 伸缩缝应填满橡胶或沥青胶泥等弹性、不透水的材料,伸缩缝内不应有松散的砂浆和活动时有可能剥落的砂浆薄皮。

4.4.4 桥梁护栏与路基护栏采用翼墙过渡时,翼墙可设置在桥梁端部,也可设置在桥侧的路基上。从施工的方便性、效果及造价等方面考虑,在桥梁端部设置翼墙比较理想。如需设置路基翼墙,则其与桥梁护栏的间距应能保证桥台处的伸缩缝能自由伸缩变形,并应与两侧护栏的有效高度相协调。翼墙应采用现场浇筑混凝土的方法施工,并根据设计文件的要求设置预留连接件。

4.6 验收

4.6.1 桥梁护栏基础应满足设计要求,并与防撞等级、桥面结构强度相适应。桥梁护栏的线形应与桥梁保持一致,以达到美观效果。

4.6.2 护栏伸缩缝位置应与桥梁伸缩缝相一致,护栏伸缩缝的功能应满足设计要求。

4.6.3 经防腐处理后的钢构件表面应光洁,在连接处不允许有毛刺、滴瘤和多余结块,热浸镀锌后的钢构件不得有过酸洗或露铁等缺陷,镀锌层应均匀。

4.6.4 钢筋混凝土护栏的表面不应有裂缝、蜂窝、剥落、露筋或其他缺陷,以免影响其功能。

4.6.5 桥梁护栏与路基护栏的连接,有一个护栏刚度过渡的问题。如两种护栏刚度不同时,应检查护栏过渡段的施工是否符合设计文件的要求。

5 交通标志

5.1 一般规定

5.1.1 交通标志的加工、制作包括底板加工、清洗、贴膜、包装贮存,立柱、横梁、连接件的加工,基础的施工等,涉及标志版面规格、形状、颜色、反光膜亮度等级、质量等。交通标志的制作应符合现行《道路交通标志和标线》(GB 5768)和《公路交通标志板技术条件》(JT/T 279)的规定。

5.1.2 交通标志设置的合理性、统一性、连贯性,已受到各方的关注。标志设置要尽量做到以人为本、安全至上,使公路出行者更便捷、更舒适、更方便。标志设置应做到长途指引与短途分流相结合,过境交通与本地诱导服务兼顾,静态标志与动态显示互补,不同标志支撑结构错落有致,与周围环境融合协调。交通标志的设置应符合现行《道路交通标志和标线》(GB 5768)和设计文件的规定。

5.1.3 对现场踏勘中发现的与设计文件不一致之处,应及时向建设单位反映,在正式施工前予以解决。

5.2 材料

5.2.1 除设计文件另行规定外,交通标志所用材料应符合正文中的规定:

(1)标志板所用材料应符合现行《公路交通标志板技术条件》(JT/T 279)的规定。标志板要求具有一定的强度和耐久性并且便于维修管理。该标准较详细地规定了标志板的材质、平整度、外观等方面的要求。标志板用材料主要为铝合金板。除大型指路标志外,标志板应由单块铝合金板加工制成。大型指路标志可分割拼装,一般根据板面大小、运输远近来决定。最多可以分割成四块。标志板拼接应采用对接,对接后应做到板面平整,结构牢固。大型标志板所用铝合金板最小厚度应不小于设计规定。

(2)交通标志的立柱、横梁一般均采用钢管、H型钢等钢构件或由各种型钢焊接而成的箱梁、桁架结构。上述材料的技术指标和尺寸、外形、质量均应符合相关标准、规范的规定和要求。采用无缝钢管还是焊接钢管,应符合设计规定,其中无缝钢管应符合现行《结构用无缝钢管》(GB/T 8162)的规定,焊接钢管应符合现行《直缝电焊钢管》(GB/T 13793)的规定。

(3)现行《公路桥涵施工技术规范》(JTJ 041)对公路桥梁中所采用的混凝土材料的配置均作了具体规定,交通标志基础、里程碑、百米桩、公路界碑等施工时应根据设计文件中提供的混凝土强度遵照执行。

5.2.2 防腐要求

(2)铝合金构件一般不考虑防锈处理。但在经常使用盐水除冰、雪的路段,靠近海岸线的路段,和经常有酸雨的路段,可考虑对铝合金构件采取适当措施加以保护,如用阳极氧化涂装复合涂料,或热固性丙烯树脂涂料等加以保护。

(3)标志板与不同金属连接件相互接触时,为防止电化腐蚀的发生,不同材质之间应使用非金属套、垫或使用保护层来隔离。

5.3 施工

5.3.1 加工标志底板

(1)标志底板的制作是一项专业性很强的工作,应在金工车间进行。铝合金板的加工应根据板面设计尺寸的要求进行剪裁、切割、焊接、铆接等。板面要求平整,不能有刻痕,并按设计要求对标志板进行拼接和加固,进行冲孔、卷边及其他的加工工序。挤压成型的铝合金型材应根据标志尺寸拼装,使搭接紧密、板面平整。

(2)标志底板按要求制作完成以后,应进行彻底的清洗、除污、干燥。清洗完毕后,应检查铝合金板表面是否残留有污迹,不干净的铝板须重洗。清洗处理完成后直到贴反光膜前,不得用手直接触摸该铝合金板,亦不应再与油脂或其他污物接触。

5.3.2 制作标志面

(1)标志面采用反光膜时的规定

①标志板加工过程中,贴反光膜是最关键的工序。反光膜与标志底板通过化学胶来粘贴。为保证粘贴效果,标志底板一定要干净。标志反光膜应在干净、无尘土,温度不低于18℃、相对湿度在20%~50%的车间内进行粘贴。温度过低,对胶的粘贴性能有不利影响。

②交通标志的形状、图案和颜色等应严格执行现行《道路交通标志和标线》(GB 5768)的规定。驾驶员对指路标志中汉字的辨认取决于很多因素,最主要的是汉字的大小和字体。驾驶员对指路标志的认读是在快速行驶中进行的,标志应确保驾驶人员有足够时间去发现、判断、认读、理解和采取行动。最佳的指路标志尺寸应该满足在规定速度下对信息获取的要求。根据交通部公路科学研究院的研究成果,采用的汉字、汉语拼音字母、英文字、阿拉伯数字应严格按照现行《道路交通标志和标线》(GB 5768)及设计文件的规定执行,不得采用其他字体,这样才能获得最佳效果。

③标志反光膜应能为车辆驾驶人员在黎明、黄昏及夜晚提供有效的认读距离,以便及早发现前方路况、采取行动,避免交通事故的发生。反光膜的反光亮度性能由于反光膜的

结构和性能的不同而存在很大差异,应符合设计文件的要求。

④由于标志版面内容主要由文字和图案构成,而且文字和图案都有规定的字体和尺寸,手工操作已不能胜任。反光文字符号应采用电脑刻绘机来完成。指路标志面积大,底膜的粘贴应在贴膜机上进行。标志底膜一般根据胶的性质选择在专用的真空热敏(热敏胶)压贴机或连续电动滚压(压敏胶)贴膜机上完成贴膜。文字符号一般采用(手工贴膜)转移膜法粘贴。

⑤反光膜应粘贴于整个标志面,且超出边缘至少 2cm。凡标志板的宽度或高度在 1.2m以下者,贴用的反光膜不得有接缝。粘贴反光膜应采用叠压接缝,上层反光膜压叠下层反光膜之重叠部分不得小于 5cm,并以水平叠接为原则。反光膜应尽可能减少拼接。当粘贴反光膜不可避免出现接缝时,应使用反光膜产品的最大宽度进行拼接,接缝以搭接为主。当需要滚筒粘贴或丝网印刷时,可以平接,其间隙不应超过 1mm。在距标志板边缘 50mm 范围内,不得拼接。标志板在制作过程中,均应按照有关规定进行,不得出现任何形式的污损、气泡等缺陷,以免影响标志功能的正常发挥。

(2)丝网印刷就是在贴好反光膜的标志板上印刷图案。曝光正确且保养良好的丝网可用 3 万次以上。当批量生产版面和规格相同的标志时,采用丝网印刷的方法最经济。

丝网印刷的工序为:拉网、网版制作(把感光剂涂布于丝网上,丝网在黄灯下风干,把底稿放在感光面上,用曝光灯感光并显影、烘干)、丝网印刷。把反光膜置于丝网下,开启真空泵,然后用清洁的布分别把丝网和反光膜表面的灰尘除去。把油墨倒在丝网上靠近铰链的位置。油墨不要倒太多,否则会造成气泡。用胶刮把油墨均匀地涂布在网上,然后用力把油墨向铰链方向推上。丝印速度不宜太快,否则会形成气泡。关闭真空泵,把印刷完毕的反光标志安放在干燥架上,用风扇吹干。

限于丝网印刷设备的制约,目前可采用丝网印刷技术的交通标志版面仅限于较小规格的。

(3)包装、贮存及运输标志面的规定

①丝网印刷的标志一般采用先风干、然后再烘干的方法。包装前反光膜上丝印的油墨一定要干透。

②标志应存放在室内干燥的地方。贴上反光膜的标志板需用保护纸保护分隔。标志可以分层贮存,但需用发泡胶把两块标志分隔。把标志竖起来贮存可以减少压力,一些小标志可以挂起来贮存。

③标志面应有软衬垫材料加以保护,以免搬运中受到刻划或其他损伤。

5.3.3 钢构件的加工,应按现行《公路桥涵施工技术规范》(JTJ 041)和设计文件的规定执行。

5.3.4 标志定位与基础设置

(1)标志应按设计桩号定位。设置标志的目的是维护公路交通安全和畅通,为公路使用者提供明确的交通信息服务,所以标志桩号不能随便更改。如果在规定位置设置有困难时,在不影响标志视认性的情况下,位置可以作适当调整。

(2)标志应按设计文件的规格在指定桩号开挖基础,基础的地基承载力应符合设计文件或本规范的要求。浇筑混凝土时,应注意正确设置地脚螺栓和底座法兰盘。

5.3.5 安装标志时,应采用设计文件提供的连接方法。对悬臂、门架式标志应注意控制好预拱度。为增强视认效果,标志板面的平整度和安装角度应根据有关标准、规范和设计文件的规定进行适当调整。考虑到风力的影响,地脚螺栓等连接件应根据设计文件的要求设置双螺母。

5.3.6 里程碑、百米桩、公路界碑的施工

(1)里程碑、百米桩、公路界碑应按实际里程准确定位和设置。

(2)里程碑、百米桩、公路界碑等混凝土构件的预制及强度应符合《公路桥涵施工技术规范》(JTJ 041)和设计文件的规定。

(3)里程碑、百米桩、公路界碑应根据《道路交通标志和标线》(GB 5768)或设计文件的规定制作。除设计文件另有规定外,各预制件应按《道路交通标志和标线》(GB 5768)的要求进行油漆,油漆应符合设计的要求。

5.4 验收

5.4.1 设计文件对标志的设置位置及安装角度是通过对多种因素加以分析的结果,所以施工时应符合其要求。

5.4.2～5.4.3 标志的平整度是标志安装的关键。标志安装后应板面平整。夜间在车灯照射下,标志板底色和字符应清晰明亮,颜色均匀,不应出现明暗不均的现象,不能影响标志的认读。

5.4.4 标志板外形尺寸、底板厚度、文字高度直接影响到标志功能的发挥,应符合设计规定。为确保标志夜间的可见性,应选用合适的逆反射材料。入射角是入射光线与标志面法线之间的夹角。当车灯从正面照射标志时,这时的入射角很小;但是当在弯路或多路交叉口时,在特定条件下,其入射角就较大。如果入射角从小到大发生变化,而逆反射系数值没有相应大的改变,则这种反光膜就具有较好的广角性。标志反光膜等级及逆反射系数应不低于设计规定。

5.4.5 标志板下缘至路面净空高度及标志板内缘距公路边缘线的距离涉及到公路建筑限界的规定。标志安装后,结构物在重力作用下,会有挠度、变形,路面可能翻修加厚,冬季路面可能积雪,所以,标志安装后,净空高度应留有余地。

5.4.6 标志结构钢构件是指立柱、横梁等钢铁件,它们是受力构件,防腐处理可以提高其使用寿命,同时也能对交通标志构件加以美化,使交通标志变得庄重、美观。镀层应均匀、颜色一致,不允许有流挂、滴瘤或多余结块。镀件表面应无漏镀、露铁等缺陷。

5.4.7 大型标志的地基承载力应符合设计要求。基础周围回填土应分层夯实,标高正确,混凝土强度达到设计要求。

6 交通标线

6.1 一般规定

6.1.1 标线的涂敷一般直接使用涂料原液进行,但是,也可以根据喷涂机械的种类和性能选择溶剂稀释,溶剂的添加量一般为 5% ~ 10%。新铺沥青混凝土路面的交通标线施工,可选用非渗水性涂料。新建沥青混凝土路面因沥青材料中含有未挥发的化学成分,易造成对标线的污染并有可能影响标线与路面的牢固粘结,故应使其挥发一段时间,可在路面施工完成一星期后开始并划标线。新建水泥混凝土路面在混凝土养护成型后会在混凝土表面残留灰浆皮及混凝土养护膜,易造成标线剥离,应在混凝土养护膜老化起皮并清除后再施划标线。

6.1.2 雨、雪等恶劣天气会影响路面与涂料之间的粘结,沙尘暴、强风会影响标线施工的作业。对热熔标线,气温低于 10℃时,对常温及加热型标线,气温低于 0℃时,会严重影响涂料的粘度,应暂停施工。对其他材料的标线涂料,施工时的气温也应符合相应的规定。在夜间很难看清标明标线放样的记号,因而施工精度较低,也容易发生交通事故,因此以白天施工为好。

6.1.3 在大多数情况下,突起路标作为交通标线的补充,与涂料标线同时使用。标线大多采用机械施工,行进速度较快,而突起路标要逐个粘贴,速度慢。因此,突起路标施工时不得影响标线施工,最好在标线施工完成后再粘贴突起路标。这样可免除标线施工对突起路标的污染,标线施工完成后,突起路标的施工放样才可顺利进行。涂料或突起路标与路面结合牢固的重要条件是保持与路面接触面的干净、干燥。路面上的灰尘、泥沙、水分是妨碍涂料或突起路标粘结的主要因素,可根据不同情况采用扫帚、板刷和燃气燃烧器等工具彻底清除。

6.1.4 标线施工和突起路标施工具有流动性,且标线施工完成后需要一定的养护期,为确保标线施工顺利进行,应实施交通安全管理,使公路使用者认清前方公路正在标线施工,以引起足够注意,引导车辆安全行驶,防止交通事故的发生,确保施工作业安全。标线施工时,应根据公路的宽度、交通量、地形、气候及施工现场情况,合理组织施工,注意交通安全,设置适当的交通警告标志,阻止车辆及行人在作业区内通行,防止将涂料带出或形成车辙或将突起路标压偏,直至标线充分干燥或突起路标完全固定为止。

6.2 材料

6.2.1 交通标线施划于公路面层,经受日晒雨淋,风雪冰冻,遭受车辆冲击磨耗,因此对标线涂料有很高的要求。车辆行驶时,无论是白天还是黑夜都应能由于光泽和色彩的反衬而清晰地识别和认清标线。无论是在沥青路面还是水泥混凝土路面,涂料必须保持与路面之间的紧密结合,一定时期内不会因为车辆和行人来往通行而剥落。标线涂料应具有优良的耐久性,能经受车轮长久的磨损,不会产生明显的裂缝。标线涂料应具有很好的防滑性能,车辆驶过标线时产生较小的噪声和振动。标线涂料的原料应容易获得,价格便宜,涂敷作业要安全、无毒、无污染。反光标线涂料应确保较好的反光性能,并在相当长的使用期间不会显著下降。路面标线颜色应保持均匀一致,一定时期内不会因气候、路面材料等作用而变色。现行《路面标线涂料》(JT/T 280)、《道路交通标线质量要求和检测方法》(GB/T 16311)对标线涂料的技术要求、性能有明确的规定,除设计文件另行规定外,应予以执行。

6.2.2 突起路标一般俗称路钮,正常情况下与标线配合使用,也可以单独使用。突起路标的技术特点主要是反光亮度高,视线诱导效果显著,施工容易,耐久性好。现在突起路标底胶主要有环氧树脂和专用沥青胶两种,其中专用沥青胶适用于沥青路面。施工时底胶应满足供应商提及的要求,并保证底胶饱满、均匀。现行《突起路标》(JT/T 390)对突起路标的技术要求、性能有明确规定,除设计文件另行规定外,应遵照执行。

6.3 施工

6.3.1 路面标线的施工

(1)清扫路面是一道非常重要的工序。施划标线的路面不能有灰尘、松散颗粒、沥青渣、油污、砂土、积水等有害材料,否则会影响涂料与路面的粘结。旧路面重划标线时,一是要把旧标线清除干净。

(2)应根据公路横断面尺寸和设计文件的要求确定标线位置、标线宽度、实线段长度,在路面上划出线形、文字、图案,如高速公路进出口标线、导流标线、减速标线、路面文字、和箭头的线形等。标线应与线形一致,流畅美观。

(3)由于材料的不同,各种标线的施划方法也存在很大差异。

①常温溶剂型标线的施工:标线涂敷可以用气动喷涂机或高压无气喷涂机等设备来完成。正式划线前应在铁板上试划,以确定划线车的行驶速度、线宽、标线厚度、玻璃珠撒布量等能否满足要求。调试好后,开始正式划线。气动喷涂机械使用压缩空气将涂料微粒化,并把涂料喷涂于路面上。通常使用空气压缩机的压力罐或柱塞泵将涂料送至喷枪,由于雾化涂料而形成很大的喷涂直径,其中混入了大量的空气,这对加快涂膜干燥是有利的,但在控制喷涂直径上却需要较高技能。气动喷涂施工时需要加入较多的稀释剂才能

达到流动性要求，漆膜厚度相对较薄，溶剂用量较多，因此，传统的气动喷涂已开始向高压无气喷涂转变。高压无气喷涂技术将涂料施加高压，能将粘度大的涂料送到喷枪，通过小口径喷嘴喷射出去，继而形成大喷射直径的雾锥。这样可减少溶剂的浪费，获得了较厚的和均匀的涂层，使标线标准、美观。

常温型涂料的主要成分是合成树脂，次要成分是体质材和添加剂，再加着色材料、溶剂，进行充分搅拌，使其混合均匀。常温型涂料的干燥时间为 5 ~ 10min，因此，需注意保护标线不让车辆碾压。标线干燥后，即可开放交通。

②加热溶剂型标线的施工：使用加热型涂料进行路面标线施工，与常温型相比，因形成涂膜的要素多，溶剂含量较低，所以它具有更好的速干性。由于涂膜较厚，对玻璃珠的固着性也比常温型涂料好。对于高粘度涂料，由于不能原封不动地用于喷涂，因此，必须通过加热器将其加温至 50℃ ~ 80℃，使涂料粘度降低才可以喷涂。为此，加热型涂料施工机具需要附加加温的装置。加热型施工系统由涂料容器、加热器、热交换器、保温装置、泵喷涂装置等组成。现在车载加热型划线车的普及使用，确立了划中心线、边缘线等公路纵向标线的合理施工方法。加热型涂料采用大型机械化施工，溶剂少，涂膜厚，干燥时间短，耐久性好。如在喷涂的同时撒玻璃珠，则能与涂膜很好固着，具有良好反光效果。正式划线前应在铁板上试划，以确定划线车的行走速度，调试线宽、标线厚度、玻璃珠撒布量。调试好后，开始正式划线。

加热型涂料的主要成分是合成树脂，次要成分是体质材和添加剂、着色材料。溶剂含量约占 20% ~ 30%。溶剂的作用是稀释涂料，使涂料具有一定的流动性，改善涂料的操作性能。加热型涂料约 10min 后不粘附轮胎，可以开放交通。

③热熔型标线的施工：为了提高路面与涂膜的粘结力，需要在路面上先涂抹底漆（下涂剂）。底漆由合成树脂、可塑剂、芳香族溶剂构成。底漆应根据不同的路面材料选用不同的类型。底漆的涂抹量过多或不足都会降低路面与涂膜间的粘结力。根据路面情况和底漆特性，一般每平方米涂抹 60 ~ 230g 底漆为好。涂抹时使用刷子、滚筒式喷洒机等，将底漆调至浓淡均匀后涂洒。底漆涂洒宽度应比标线放样宽度稍宽一些。底漆涂洒后要养护。当底漆不粘车轮胎，也不粘附灰尘、砂石时，才可以进行标线涂布作业。养护时间与大气温度、路面温度、湿度、风强度、底漆组成、涂抹量、涂抹方法、路面吸水率等因素有关。底漆涂抹时，要仔细，防止遗漏，特别是路面凹凸明显的地方，可在凹陷的地方适当涂厚一点。

热熔型涂料施工实际上是一种熔结作业，因此，材料性能及施工方法和技术都直接影响着涂膜性能。施工条件和路面状态是多种多样的，影响路面标线性能的因素也千变万化，因此，每次施工应尽量控制各种因素，争取好的施工质量。热熔型涂料是由颜料、体质材、反光材料与具有热可塑性的树脂混合而成。热熔型涂料与常温型、加热型不同，它不含溶剂或稀释剂，呈粉末状供应。将热熔型涂料加热到 180℃ ~ 220℃（根据热熔型涂料采用的树脂类型和配方选择合适的温度），涂料即可成为融熔的流动状态，用划线机涂敷于路面，并紧接着撒布玻璃珠，在常温下固化。当涂敷于沥青路面时，涂料与路面熔合；当涂敷于水泥混凝土路面时，涂料与路面是物理粘结，是机械啮合。正式划线前应在铁板上试划,以确定划线车的行驶速度,调试线宽、标线厚度、玻璃珠撒布量。调试好后,开始正式划线。将粉末状的涂料在熔解釜内熔化,达规定温度后将熔化好的涂料装入涂敷机,到需要划标线的路段将其涂敷于路面上。涂敷作业是标线施工最关键的一步,应按规定操作规程严把质量关。为防止划线车的贮料罐和流出口等处涂料粘度变大,可装保温装置,按涂敷量和气候等因素妥善地控制温度。为保证夜间的标线识别性,在标线涂敷的同时要撒布玻璃珠。经验表明,玻璃珠直径有一半埋入涂膜中时,反光效果最好。但要做到这一点不太容易。涂料温度高,玻璃珠撒布快,珠子易沉入涂层中;涂料温度低,玻璃珠撒布慢,涂层已接近固化,玻璃珠不能在涂层上很好固着,容易脱落,反光效果差。因此,玻璃珠撒布受到涂料温度、涂层厚度、气候条件等的影响,施工时要严格控制撒布时间。

涂膜干燥时间因室外气温的变化而不同。对于热熔型涂料,涂膜干燥时间约为3min,涂料不会粘结在车辆轮胎上,即可以开放交通。

④双组分型标线和水性标线也应采用专用设备施工。

(4)路面标线尽管厚度较薄,但仍有一定的阻水作用,尤其是在南方雨水较多的地区,处理不当容易导致交通事故,因此应按设计文件的要求留出排水孔。位于禁止超车线上的突起路标,在施划禁止超车线时,应采取措施预留突起路标的位置,以免影响后期突起路标的施工。

(5)修整标线局部缺陷。对于标线被污染、变色、玻璃珠撒布有堆积、涂料的喷射形状不好、飞溅及其他缺陷,应及时进行修整。

(6)成型标线带和防滑彩色路面标线的施工应符合产品使用说明书的规定。

6.3.2 突起路标的施工

(1)突起路标的施工放样工作,一般应沿着标线来定位,反射体应面向行车方向。

(2)由于突起路标种类较多,材料各异,施工方法有所不同。突起路标位置确定后,最常用的方法是把突起路标用胶直接粘在路面上。在粘结前,应用扫帚、刷子、高压喷嘴吹风等办法清理路面。用刮刀把粘合剂涂抹在路面上和突起路标底部,突起路标就位,在突起路标顶部施加压力,排除空气,再一次调整就位。若采用强化玻璃突起路标,则应在路面上钻孔,取出岩芯,清理孔穴后涂胶,突起路标就位,在突起路标顶部施加压力,排除空气,再一次调整就位。若采用带脚的突起路标,则应在路面上钻小孔,把突起路标的脚伸入到孔内(深度应足够,钻孔不能太大),清理孔穴后涂胶,突起路标就位,在突起路标顶部施加压力,排除空气,再一次调整就位。待胶凝固后即可开放交通。

突起路标在粘合剂固化以前不能受力,因此在突起路标施工过程中,一定要做好养护管理和交通诱导工作,在粘合剂固化以前一定要避免车辆冲压突起路标,待粘合剂固化以后,才可开放交通。

6.4 验收

6.4.1 路面标线的颜色、形状和标线划法应符合《道路交通标志和标线》(GB 5768)和设计文件的规定。一些强制性的规定必须严格遵守。

6.4.3 无论是纵向标线、横向标线,还是立面标线,所划线条规范、美观,尺寸正确,是最重要的。只有线形流畅,与公路线形相协调,曲线圆滑,才会给公路使用者以美感,才会使驾驶员依靠标线的指引安全行车。在曲线路段,不允许标线出现折线;在竖曲线路段,标线衔接应顺畅。

6.4.4 反光标线是一种用于夜间增加反光效果的标线。因为部分玻璃珠撒布在涂料中,撒布均匀、附着牢固时,反光效果就会非常显著。衡量反光效果的重要指标是反光标线逆反射系数,无论白色标线,还是黄色标线,均应满足设计文件的规定。

6.4.5 标线涂料施工完成后,有时会出现一些意外缺陷。这些缺陷影响标线的美观,影响标线的质量,影响标线的耐久性。这些缺陷有的是因为涂料原材料质量造成的,有的是因为施工机具故障或划线操作不当造成的,有的是因为公路路面质量和气候因素造成的,因此,标线涂料施工质量问题需从多方面加以解决。涂料表面不应出现网状裂缝、断裂裂缝、起泡、变色、剥落,以及涂料纵向有长的起筋或拉槽等现象。有的缺陷应在施工完成后尽快进行修整,有的缺陷需要不断总结经验,在今后施工中加以解决。

6.4.6 本条摘自《突起路标》(JT/T 390—1999)。

7　隔离栅和桥梁护网

7.1　一般规定

7.1.1　隔离栅是纵向设置的连续构造物,是沿地物平缓过渡、不宜有大起大落的隔离建筑。因此,沿隔离栅的安装位置应进行场地清理,特别是对一些小土丘、坑洞进行挖掘、填平补齐的处理,使隔离栅能沿地形起伏前进。这样连接比较容易,看起来也比较美观。

7.2　材料

7.2.1　隔离栅和桥梁护网所用的各种材料,为了便于采购和加工,其型号、规格、尺寸应尽可能选用标准化产品,材料的技术要求应符合正文中所提标准和规范。考虑到工程造价和经济成本,除设计文件提出的特殊要求外,一般不选用非标产品。

7.2.2　隔离栅和桥梁护网的所有钢构件都应进行表面防腐处理,其目的是增强材料的抗腐蚀能力,延长使用寿命,此外还能增添隔离栅和桥梁护网的美观、艺术效果。第3.1.2条的条文说明介绍了几种防腐工艺的特点。随着经济及防腐技术的发展、人们对隔离栅和桥梁护网美观要求的提高,镀锌(铝)后涂(浸)塑、涂(浸)塑的防腐技术近几年已经成熟并逐渐推广起来,在高速公路的隔离栅和桥梁护网中镀锌(铝)后涂(浸)塑的产品已广为应用。镀锌(铝)后涂(浸)塑、涂塑由于增加了抗酸腐蚀的性能,更适合于沿海地区应用,但涂层使用寿命受老化的影响较大。

7.3　施工

7.3.1　隔离栅的施工

(1)放样精度是隔离栅施工质量的保证。根据设计文件中确定的隔离栅横断面位置及实际地形、地物条件确定出控制立柱的位置后,应进行必要的清场、定出立柱中心线。然后测量立柱的准确位置,做出标记。

(2)每个柱位均应按设计文件的要求确定高程,但允许按实际地形进行调整。隔离栅在地形起伏的路段设置时,可将地面整修成一定的纵坡,也可顺坡设置。测量高程的目的在于控制各立柱基础标高,保证安装后隔离栅顶面的平顺和美观。

(3)在放样和定位工作完成的基础上,根据设计文件的要求开挖基坑或钻孔,挖钻深度应符合设计要求。在特殊的环境条件下，如坚硬的岩石等，在保证不改变地界的法律地位和设施布设整体美观的情况下，允许对基坑位置作适当的调整。基坑开挖到设计要求深度后，应将基底清理干净，经检验合格后，方准进行下道工序。

(4)立柱基础混凝土施工包括现场浇筑和预制两种。现场浇筑要求立柱放入基坑内，正确就位，用临时支撑固定立柱，用靠尺量其垂直度，用卷尺量其高度，在确认符合设计要求后，进行混凝土的浇筑。预制混凝土基础现场埋设是指通过模具预先把混凝土基础制作完毕，也可将立柱与混凝土基础制作成整体结构，现场直接安装到位。不管选用何种施工安装方式，在施工过程中都应严格检查立柱就位后的垂直度和立柱高程，以保证网片安装的质量和隔离栅安装完毕后的整体美观效果。

基坑底可垫混凝土，放入立柱后，检查柱顶标高，并用临时支撑固定立柱，检查其垂直度。立柱的埋设应分段进行：先埋两端的立柱，然后拉线埋设中间立柱。控制立柱与中间立柱的平面投影在一条直线上，不得出现参差不齐的现象。柱顶应平顺，不得出现忽高忽低的情况。

对预制的混凝土立柱和基础，在运输及装卸时应避免立柱折断或摔坏边角。装车时，堆放不宜超过五层。

(5)基础混凝土强度达到设计强度的70%以后，可安装隔离栅网片。

①无框架卷网安装时，应从端头立柱开始，先将金属网在立柱挂钩上扣牢，然后沿纵向展开，边铺设边拉紧。展网要求自如，挂钩时保证网不变形。整网铺设可在地势较平坦的路段施工，对立柱间距要求不严，需要承受一定的张拉力，端柱需加斜撑加固。

②带框架的片网一般要求在工厂集中制作完成，因为工厂机械设备较为齐全、生产效率高、成本低、工艺完善，批量流水生产能保证加工制作的质量。有框架的片网安装后要求网面平整、无明显的凹凸现象，立柱间距正确，框架与立柱连接牢固，框架整体平顺、美观。

③刺钢丝安装时应从端头立柱开始，刺钢丝之间要求平行、平直，绷紧后可用12号钢丝与混凝土立柱或钢立柱上的钢钩绑扎固定，横向与斜向刺钢丝相交处用12号钢丝绑扎牢固。

(6)隔离栅网片安装完毕后，立柱基础周围均应进行最后压实处理。

7.3.2 桥梁护网的施工

(1)桥梁护网应以跨线桥与公路、铁路等设施的交叉点为控制点，向两侧对称进行施工。当上跨桥梁为斜交时，桥梁护网长度应根据设计文件的要求作相应调整。

(2)桥梁护网的立柱一般采用预埋基础，应按设计要求制作预埋件，安装立柱时要控制柱距，注意连接部件的牢固性。立柱与基础连接应符合设计要求，牢固、垂直、高度一致。未设置预埋件时，应采取后固定的施工工艺固定立柱。

(3)桥梁护网是桥梁建筑的附属安全措施，对桥梁景观有很大的影响。除应牢固地安装在立柱或支撑上外，金属网片应平整、绷紧，舒展自然、美观。

(4)为防止雷电伤人，施工时，需在合适位置安装接地避雷线。接地避雷线安装要符合设计文件的要求。

7.4 验收

7.4.1 隔离栅是一种防止人畜进入公路、侵占公路用地的封闭措施,防钻、防翻越是主要考虑的因素。隔离设施和桥梁护网的封闭应严密、牢固,特别是在过涵洞水沟、通道、下穿桥梁时的围封,要根据具体情况进行处理,涵洞的跨越可根据水量、沟的深度而定,不应让人、畜穿越。

7.4.2 隔离栅应与公路线形走向一致,顺直、流畅,纵坡起伏自然、美观,这是对隔离栅美观效果的要求。

7.4.3 隔离栅的强度和美观在很大程度上取决于立柱的施工质量。立柱基础尺寸、埋深、立柱的垂直度、柱间距都是重要的控制因素。立柱基础无论是预制还是现浇,混凝土强度、尺寸必须满足设计规定。立柱的埋深、基础回填土的夯实程度,以及立柱间距的控制精度,对有框架片网的安装影响相当大。混凝土立柱和基础混凝土的强度等级应达到设计文件的要求。

7.4.4 卷网铺设要求有一定的张拉设施,一般采用上下两根钢筋与网穿插张拉。卷网安装张拉完成后,金属网不得有明显变形,网孔长轴方向变形量、网孔夹角变形量不得超过规定范围。电焊网不得脱焊、虚焊,否则达不到规定的强度和平整度。

7.4.5 隔离栅和桥梁护网表面均应进行防腐处理,表面不得有气泡、裂纹、疤痕、折叠和端面分层等缺陷。

7.4.6 混凝土立柱的施工质量对隔离栅的强度和美观有很大影响,因此混凝土立柱应密实平整,不得有裂缝、翘曲、蜂窝、麻面等缺陷。

7.4.7 桥梁护网应作防雷接地处理,接地电阻应符合设计文件的规定。

8 防眩设施

8.1 一般规定

8.1.1 施工前,对防眩板、防眩网的预埋件应进行检查,发现问题及时与建设单位联系并在施工前加以解决。

8.2 材料

8.2.1 防眩板可以用金属材料和合成材料制成,防眩网可以用金属材料制成。金属材料指金属板材、金属网和连接件;合成材料包括工程塑料、玻璃纤维增强塑料制品等。上述材料应满足耐腐蚀性及耐候性的要求。现行《公路防眩设施技术条件》(JT/T 333)、《塑料防眩板》(JT/T 598)、《公路用玻璃纤维增强塑料产品　第4部分:防眩板》(JT/T 599.4)中对各类防眩设施的构件材料有详尽的要求,除设计文件另行规定外,应遵照执行。

8.2.2 钢构件防腐处理可采用热浸镀锌、热浸镀铝、表面涂塑和涂刷油漆等方式,除设计文件另行规定外,应符合现行《高速公路交通工程钢构件防腐技术条件》(GB/T 18226)和设计文件的规定。对于合成类材料,如设置在受海边盐雾腐蚀、酸雨或除雪剂影响较大的环境中时,可选用不易老化、不易褪色和不易变形的高分子合成材料。

8.3 施工

8.3.1 设置于混凝土护栏上的防眩板或防眩网的安装

(1)预埋件的设置位置、结构尺寸等不符合设计要求,或未按要求设置预埋件时,应与建设单位联系,不得随意处理,以免破坏混凝土护栏的使用功能。

(2)混凝土护栏是支撑防眩板、防眩网的结构物,防眩板、防眩网安装完成后,各连接件就要受力,混凝土强度达到设计强度的70%以上时,方可在混凝土护栏顶部安装防眩设施。

(3)防眩板、防眩网安装后,其下缘与混凝土护栏顶部的间距应符合设计文件的规定。安装过程中,不得随意抬高防眩板、防眩网以调整高度及垂直度,以免下缘漏光过量影响防眩效果。

(4)防眩板、防眩网安装后,与混凝土护栏成为整体结构,一般不会削弱混凝土护栏的原有功能,但应注意检查。

8.3.2 设置于波形梁护栏上的防眩板或防眩网的安装

(1)防眩板或防眩网可通过连接件安装在波形梁护栏上。

(2)为了简化防眩板或防眩网结构,有时把防眩板或防眩网安装在单侧波形梁护栏上。一般情况下,这种做法不会削弱波形梁护栏原有的功能,但一旦发生碰撞事故,护栏和防眩设施均会遭受破坏,应经常注意检查。

(3)防眩板或防眩网下缘与波形梁护栏顶面之间的间距应符合设计文件的规定,以免漏光过量影响防眩效果。

(4)防眩板或防眩网通过连接件与波形梁护栏连接,施工过程中不应损伤波形梁护栏的金属涂层。任何形式涂层的损伤,均应在24小时之内给予修补。

8.3.3 独立设置立柱的防眩板或防眩网的安装

(1)防眩板或防眩网单独设置时,立柱一般直接落地埋在中央分隔带内,因此,施工前,应注意清理中央分隔带内的杂物、坑洞,了解管线埋深及位置,处理好与其他中央分隔带内构造物的关系。立柱埋设在其他位置时,也应进行场地清理。

(2)防眩板或防眩网单独设置时,可根据所在位置选择将立柱埋入土中、设置混凝土基础或固定于构造物上等方式加以处理。

(3)防眩板或防眩网立柱的施工,采用开挖法埋设混凝土基础时,不得破坏地下的通信管线或电缆管线。混凝土基础开挖达到规定深度后,应夯实基底,调整好垂直度和高程,夯实回填土。施工中不得损害中央分隔带地下排水系统。

8.4 验收

8.4.1 防眩高度、遮光角是防眩设施的重要指标。防眩设施安装完成后,其防眩高度、遮光角应满足设计文件的要求。防眩设施安装完成后,往往在桥梁与路基连接处,在中央分隔带开口处,防眩设施有不连续的地方,在两段防眩设施中间留有短距离间隙,会产生严重的漏光现象,应加以避免。

从纵断面来看,防眩漏光发生在线形起伏变化较大的路段。在这些路段从防眩板或防眩网上漏光是很难避免的,需要做到的一点是首先要满足设计要求,尽量使这种情况加以避免或减少。

8.4.2 防眩板或防眩网安装完成后,成为公路的附属结构物,成为保障安全的一种设施,同时也是一种公路的景观设施。防眩设施应与公路线形协调一致,不得有明显的扭曲或凹凸不平等现象。

8.4.3 防眩板或防眩网是一种产品,其外观质量应符合设计规定。防眩板或防眩网表面不应有划痕、变色及颜色不均等外观上的缺陷。防腐层不得有气泡、裂纹、疤痕、端面分层、毛刺等缺陷。

8.4.4 防眩板或防眩网必须安装牢固,以免影响正常使用。

9 轮廓标

9.1 一般规定

9.1.1 轮廓标属于视线诱导设施。附着于护栏或其他构造物上的轮廓标,一般是在整个工程的最后阶段安装。安装太早,特别是在公路还没有全封闭、没有正式移交给管理部门以前,这种设施很容易遭到破坏。

9.1.2 轮廓标安装前,应对柱式轮廓标或附着式轮廓标的埋设条件、位置、数量进行核对,并做出详细的施工组织设计,以便对施工进度、作业程序、材料供应、人员安排等进行合理组织。

9.2 材料

9.2.1 轮廓标立柱一般采用强度高、耐候性和耐腐蚀性好的材料,并且要求加工方便、价格便宜,考虑到维修、养护工作的方便,一般采用金属或合成树脂等材料制作。轮廓标用反射器应选取高透光率的材料,如聚甲基丙烯酸甲酯、聚碳酸酯等树脂。除设计文件另行规定外,轮廓标应采用符合现行《轮廓标技术条件》(JT/T 388)要求的产品。柱式安装的轮廓标,其混凝土基础所用的材料应符合现行《公路桥涵施工技术规范》(JTJ 041)的规定。

9.2.2 钢构件均应进行防腐处理。除设计文件另行规定外,防腐处理应符合现行《高速公路交通工程钢构件防腐技术条件》(GB/T 18226)的规定。

9.3 施工

9.3.1 柱式轮廓标施工时,应设置混凝土基础。基础开挖达到规定的尺寸和深度后,先浇筑一层片石混凝土,厚度不应小于20cm。接着在片石混凝土上支模板,测定模板顶部的标高。当立柱与混凝土基础浇在一起时,则可将立柱放入模板中,固定就位后,即可浇筑混凝土。混凝土浇筑完成后应采取正常的养护措施,直到混凝土达规定的强度;当轮廓标柱体或立柱为装配式结构时,则应预留柱体插入的空穴,或采用法兰盘连接。柱式轮廓标,可在混凝土基础的预留空穴中安装。安装时轮廓标柱体垂直于地平面,三角形柱体的顶角平分线应垂直于公路中心线，柱体与混凝土基础之间用螺栓连接。

9.3.2 附着于各类构造物上的轮廓标应按照放样确定的位置进行安装。附着于护栏槽内的轮廓标，反射器为梯形，把反射器后底板固定在护栏与立柱的连接螺栓上。附着于缆索护栏上的轮廓标，通过夹具把轮廓标固定在缆索上。附着于隧道壁、挡墙、桥墩、桥台侧墙、混凝土护栏等处的轮廓标，通过预埋件或用胶固定在侧墙上。反射器的安装角度应符合设计文件的规定。安装高度宜尽量统一，并应连接牢固。

9.4 验收

9.4.1 轮廓标是公路沿线的重要安全设施。夜间，它可以使公路轮廓亮起来，大大增加了驾驶员行驶的安全性，也美化了公路。轮廓标安装完成后，应与公路线形协调一致，夜间反光效果明显、线条流畅。安装高度宜保持一致，设置间隔应均匀。

9.4.2 轮廓标的外形尺寸，首先要确保反光片有足够的尺寸，材质、高度应符合设计文件的规定。

9.4.3 柱式轮廓标应安装牢固、外形美观，颜色黑白分明。柱体为白色，与中间的黑色标记形成对比。黑色标记的中间镶嵌反射器或反光膜，白天晚上均应清晰。柱体表面不应有明显的划痕、气泡、裂纹及颜色不均等缺陷。

9.4.4 附着于波形梁护栏上的轮廓标，由于与波形梁连接螺栓串在一起，而连接螺栓与护栏立柱连在一起，一般均采用防盗螺栓，因此，最好与护栏安装一起进行。安装应牢固、角度应准确。附着于混凝土墙壁或隧道壁上的轮廓标，一般通过预埋件连接，或用胶粘结，也应安装牢固，高度应保持一致，其支撑结构和紧固件应与设计文件相符。

9.4.5 钢构件表面防腐处理应满足规范和设计文件的要求。不同材质的金属构件互相接触时，为防止电化腐蚀，在相互接触的部位应使用非金属套、垫或保护层，使两者隔离。

10 活动护栏

10.1 一般规定

10.1.1 插拔式活动护栏的预埋基础施工应在面层施工前完成,其余部分在路面施工完成后进行。插拔式活动护栏应在工厂制作,以保证施工精度。

10.1.2 充填式活动护栏的拼装应在路面施工完成后进行。

10.2 材料

10.2.1 活动护栏所用的材料应符合正文的规定。

(1)插拔式活动护栏采用的钢管用材一般为普通碳素结构钢,牌号 Q235,其技术条件应符合现行《碳素结构钢》(GB/T 700)的规定,其混凝土基础所用的材料应符合现行《公路桥涵施工技术规范》(JTJ 041)的规定。

(2)充填式活动护栏一般采用玻璃钢高分子合成材料制作。与金属材料相比,它重量轻、耐腐蚀、电绝缘、耐瞬时超高压、传热慢、隔音防水、易着色、能透过电磁波、具有一定强度,是一种兼有功能和结构特性的新型材料。基体材料为不饱和聚酯树脂和环氧树脂,增强材料为无碱玻璃丝纤维或碳纤维,应符合现行《公路用玻璃纤维增强塑料产品》(JT/T 599)的规定。

10.2.2 插拔式活动护栏的钢管及预埋件应进行表面防腐处理,并应符合现行《高速公路交通工程钢构件防腐技术条件》(GB/T 18226)的规定。活动护栏是由钢管弯曲、焊接而成,加工完成后要进行除锈、除油清理,应按规定进行表面防腐处理。套管等预埋件也应按规定进行表面防腐处理。

10.3 施工

10.3.1 插拔式活动护栏的施工

(1)插拔式护栏基础在路面基层完成后,才开始放样定位。活动护栏的基础应根据设计文件的要求确定位置,并与中央分隔带护栏端头位置相协调。应调查基础与中央分隔带内的地下管线是否冲突,必要时应对基础的埋设位置或标高进行调整。

(2)混凝土基础施工完成后应采取保护措施,如在套管上加木塞子等,以防止杂物落入预埋套管内。

(3)插拔式活动护栏的基础混凝土强度达设计强度70%以上时,可以安装插拔式活动护栏。

(4)对有防眩和视线诱导要求的路段,应按设计文件要求安装防眩和视线诱导设施。

10.3.2 充填式活动护栏的施工

把活动护栏各结构段按设计文件的要求进行拼装,如图10-1和图10-2。线形调整平顺后,应将符合设计文件要求的材料按规定数量充填活动护栏。

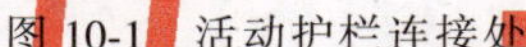

图10-1 活动护栏连接处

图10-2 充填式活动护栏

10.4 验收

10.4.1 中央分隔带开口处的活动护栏具有在紧急情况下为公路交通事故处理、公路养护作业提供紧急通道的功能。活动护栏应开启灵活、造型美观,条件许可时可具有一定的防撞能力。插拔式活动护栏结构简单,充填式活动护栏具有一定的防撞能力。施工时应满足设计规范和设计文件的要求。

10.4.2 插拔式活动护栏可分为护栏片和预埋件两部分。护栏片一般在工厂加工,钢管弯曲成型的尺寸、材料规格、加工质量均应符合设计要求。基础混凝土的尺寸、埋深,混凝土的质量应符合设计要求。预埋套管应定位精确,以保证活动护栏的安装质量。

10.4.3 中央分隔带开口处的活动护栏应与两端护栏齐平,安装顺直,符合设计文件的要求。充填式活动护栏应安装严密、平顺、外形美观。

10.4.4 充填式护栏的充填材料和数量应符合设计文件的规定,以达到其功能要求。

10.4.5 有防眩和视线诱导要求的路段应安装相应的防眩设施和轮廓标,以避免因防眩设施和视线诱导不连续而诱发交通事故。